英語スピーキング力

4技能+αで全方位から集中攻略

ICHIZO UEDA
植田一三

クロスメディア・ランゲージ

はじめに

　日本では、2008年度に小学5、6年生を対象に外国語活動として小学校の英語教育が始まり、2020年には「小学3年生からの必修化」が完全実施されることになりました。同時に、大学入試も英語の受信力中心であったものから、語学力の国際標準規格「CEFR」をベースにした英語の発信力や実用英語力を重視したものに変わろうとしています。

　CEFRでは、「やり取り」と「発表力」に分けて、話す能力を評価しています。一番下のA1（英検3級以上）では、家族、趣味など個人的なトピックに関して簡単なQ&Aができるような能力、A2（英検準2級以上）では、簡単な英語で意見や気持ちを述べ、日常的な状況で様々な表現を用いてやり取りができるような能力、B1（英検2級以上）では、自分の関心がある社会状況について自分の意見をスラスラ発表し、聴衆からの質問に対応できるような能力、B2（英検準1級以上）では、一般分野から専門分野まで幅広いトピックについて自分の考えを正確かつ流暢に表現でき、ディベートで社会問題に関して自分の視点を明確に展開することができるような能力が求められます。

　こういったCEFRのスピーキングの要求水準は、日本人にとってはハードルの高いものですが、日本人が21世紀のボーダレス社会を生き抜き、グローバルビジネスピープルやサイエンティスト、リサーチャー、教育者、アーティストなどとして活躍するには不可欠な能力です。そういった能力をUPさせるためには、早期英語教育や英語の語彙表現力・文法力UPだけではなく、英語の勉強や実社会での経験を通して、論理的思考力（クリティカルシンキング力）・発信力を身につけたり、世界情勢の知識や海外体験によって世界的視野を身につけたり、人間力（キャラクター）を高めたりする必要があります。そしてそれらすべてを養うことができる「英語学習（holistic learning）」こそが、英語学習者・教育者、ビジネスピープルにとって必要なのです。

　本書はこうした新時代のニーズに応えるべく、私の36年に渡る英語

との格闘と、33年の実用英語指導経験を集大成したものです。まずChapter 1では、英語のスピーキング力UPの極意について述べていきます。Chapter 2では、英語の発信力であるスピーキングとライティング力UPの具体的な方法の紹介とトレーニングを行い、Chapter 3では、スピーキング力を伸ばすためのリスニング力UPの極意の紹介とトレーニング、Chapter 4ではスピーキング力を伸ばすためのリーディング力UPの極意を紹介します。Chapter 5ではスピーキング力UPのための効果的な語彙・表現力UPトレーニングを行い、Chapter 6ではスピーキング力UPのための英文法の極意と日英の発想の違いについて述べていきます。そしてChapter 7では最終章として、さらにワンランクUPを目指す人のために、CEFRのランキングと比較しながら「英悟道」の真髄と極意について述べていきます。

　本書の制作にあたり、協力してくれたアクエアリーズスタッフの田岡千明氏 (Chapter 2協力)、上田敏子氏 (Chapter 3協力)、ミッチー里中氏 (Chapter 5協力)、小谷延良氏 (Chapter 2協力)、小室葉子氏 (校正)、田中秀樹氏 (校正)、および (株) クロスメディア・ランゲージ社長の小野田幸子氏には、心から感謝の意を表したいと思います。そして何よりも、我々の努力の結晶である著書を愛読してくださる読者の皆さんには、心からお礼申し上げます。

　それでは皆さん、エネルギッシュで頭脳明晰かつクリエイティブでポジティブな生涯現役(amortality)を目指し、明日に向かって英悟の道を、

Let's enjoy the process!（陽は必ず昇る！）

植田一三

▶▶ 植田先生による特別講義を動画配信！
本書の内容を、植田先生出演の動画でさらに詳しく解説しています。小社ウェブサイトの書籍紹介ページをご覧ください。
URL http://www.cm-language.co.jp/books/speakingskills/

Contents

はじめに 3

Chapter 1　英語のスピーキングとは何か？劇的に伸ばす方法とは！

1　「日本型」「欧米型」コミュニケーションの重要性とは！ 10
2　実用英語（practical English）とは何か！? 12
3　英語のスピーキングとは一体何か！? 15
　コラム　スピーキングとライティングとの関係とは！? 24

Chapter 2　スピーキング力を生まれ変わらせるための英語発信力（スピーキング力＆ライティング力）UPの極意

1　英語スピーキング力を構成する要素とは！? 26
2　なぜ日本人はスピーキングが苦手なのか？
　　～日本人の英語発信力の20の問題点とは！? 29
3　スピーキングとライティングの問題点の違いとは！? 34
4　日本人のスピーキングの問題は「国語教育」にあり！ 39
5　英語の発音・リズム・イントネーション最短距離習得法 45
6　スピーキングがずば抜けてうまい人の勉強法 54
7　スピーキング力UPのためのシャドウイング活用法 57
8　背景知識力を高め、スピーキング力を10倍UP！ 60
9　ポイントを整理して斬れる英語を話すトレーニング 63
10　ポイントが重複しないようにするトレーニング 66
11　日本文化紹介の画期的なスピーキング力UP法とは！? 68
12　発信力UP！　5大資格試験のスピーキングテストはこれだ！ 71
13　発信力UP！　4大資格試験のライティングテストはこれだ！ 73

14 英検1級のスピーキング問題とは!? 75
15 英検2級・1級のライティング問題でスピーキング力UP! 79
16 スピーキング力の指標、TOEFL iBTのスピーキング問題とは!? 86
17 TOEFL iBTのライティング問題とは!? 97
18 スピーキング力の指標、IELTSのスピーキング問題とは!? 98
19 IELTSのライティング問題とは!? 102
20 TOEIC S&Wのスピーキング問題とは!? 105
21 TOEIC S&Wのライティング問題とは!? 107

Chapter 3 スピーキング力を生まれ変わらせるための リスニング力UPの極意

1 スピーキング力UPに不可欠なリスニング力を伸ばすには!? 110
2 日本人の英語リスニングの20の問題点とは!? 112
3 スピーキング力UPのためのリスニングとそのスキルUP法とは!? ... 114
4 発音・リズム・イントネーション習得でリスニング力UP! 119
5 スピーキング力・リスニング力UPに不可欠な速聴とは!? 125
6 スピーキング力・リスニング力UPに必須の
　語彙・イディオムの知識とは!? 130
7 スピーキング力・リスニング力UPに必須の
　基本動詞・句動詞の知識とは!? 133
8 日英の「語順の違い」による英語リスニングの問題点とは!? 134
9 日英の「発想の違い」による英語リスニングの問題点とは!? 136
10 スピーキングの4タイプ「風・火・土・水」に慣れる! 138
11 スピーキング・リスニングで重要な集中力をUP! 141
12 固有名詞の知識でリスニング力ワンランクUP! 145
13 スピーキング力・リスニング力UP：
　ナチュラルな英語を聞き取る極意とは!? 151

- 14 数字の英語に強くなる！ 154
- 15 コミュニケーション力UPのための対話式リスニング問題活用法 155
- 16 対話式リスニング問題を難しくする6つの要因とその対策 157

Chapter 4 スピーキング力を生まれ変わらせるための リーディング力UPの極意

- 1 英語のリーディングとは一体何か！？ 162
- 2 スピーキング力UPのためのリーディングの種類とは！？ 165
- 3 音読・黙読・速読とスピーキング力UPの関係とは！？ 167
- 4 リーディング速度と英語力の関係とは！？ 170
- 5 英語のスピーキング力UPに「速読」は重要か！？ 172

Chapter 5 スピーキングを生まれ変わらせるための 語彙・表現力UPの極意

- 1 スピーキング力UPのための語彙・表現の8つの問題点とは！？ 176
- 2 英英辞典の英単語の定義を読んで語感を鍛える！ 178
- 3 類語の使い分けに要注意！ 182
- 4 英単語は画像を見ながらフレーズを音読せよ！ 187
- コラム ボキャブラリー頻度・英語資格検定対照表 190
- 5 「多義語」はシンボルをつかめば自由自在に表現力数倍UP！ 193
- コラム アルファベットの意味をつかめば、語彙力が加速的にUP！ 201
- 6 基本動詞を制覇し、口語と書き言葉の変換をマスター！ 203
- コラム 洋画は基本動詞・句動詞の宝庫！ 217
- 7 誤解を生じる和製英語に要注意！ 219
- 8 話し言葉は「動詞的」、書き言葉は「形容詞的」！ 222
- 9 「ハイフン表現」で斬れる英語が発信できる！ 223

10 「接頭辞・接尾辞」で斬れる英語が発信できる！ 227
11 パンチの利いた英語には英単語の比喩・イディオムを使え！ 230

Chapter 6 スピーキング力を生まれ変わらせるための 英文法力UPの極意

1 スピーキング力UPに重要な英文法はこれだ！ 234
2 「時制」の基本は「現在形」を「現在」と見なさないことにある！ 235
3 「冠詞」はたった2つの原則で簡単に使いこなせる！ 238
4 英語のリズムと冠詞の関係とは!? 242
5 スピーキング力UPのための第2・第5文型をマスター！ 244
6 英語と日本語の語順の違いに注意する！ 249
7 前置詞をマスターしてスピーキング力UP！ 252
8 スピーキング力UPには、「助動詞」をハートでつかめ！ 260
9 仮定法を鍛えてスピーキング力・リスニング力UP！ 265
10 「〜しようとする」不定詞と「〜している」動名詞の違いは!? 267
11 英語の所有格はめちゃくちゃどいと思え！ 268
12 力強く話すためにはできるだけ「倒置」を使え！ 269
13 その他のスピーキング力UP文法テクニック！ 273

Chapter 7 さらにワンランクUPを 目指す人のために

1 英悟道ランキングで、目標レベルを決める！ 278
2 CEFR基準　英語資格試験対照表 290
3 外国語のスキル習得までの時間はどれぐらいか？ 292
4 英悟道十訓 296

Chapter 1

英語のスピーキングとは何か？劇的に伸ばす方法とは！

1 「日本型」「欧米型」コミュニケーションの重要性とは！

　日本で英語学習熱が高まってから約30年以上が経ちました。30年前と比べると日本人の実用英語力は数段UPしています。21世紀になってからはTOEICが普及し、日本人の英語力の平均レベルはグーンと伸びたかに思えます。しかし、「読む、書く、聞く、話す」といった英語の運用力の4つのスキルの点からはどうでしょうか。よく日本人は「読む、聞く」といった英語の「受信力」に比べて、「書く、話す」といった英語の「発信力」が弱いとか、「書くスキル」に対して「話すスキル」が劣っているなどと言われますが、本当でしょうか。

　本章では、英語のspeaking, writing, listening, reading、そして**practical English**（実用英語）とは何かを洞察し、英語のスピーキング力UPのための効果的な英語学習法とその達成度について様々な角度から述べていきたいと思います。

　しかしその前に、言語コミュニケーションにおいて「話す、書く」の発信力を重視する**欧米的パラダイム**の価値判断（value judgment）と将来性について述べておきましょう。やみくもに日本式コミュニケーションがダメで、欧米型がいいと言うのは、欧米の価値観に迎合しているだけで主体性がありません。文明の原点から現代社会情勢を見極め、将来を展望した上で取り組み方を決めていきましょう。

　日本は天皇制・君主制の歴史が長く、民主主義の歴史が短い国です。そのため、「長い物には巻かれろ（If you can't beat them, join them.）」「泣く子と地頭には勝てぬ（You can't fight a city hall.）」「出る杭は打たれる（The nail that sticks out gets hammered down.）」という格言が示すように、権利を主張し、草の根民主主義運動（grassroots protest movements）で抗議したり、法廷や討論場で意見を戦わせたりすることが少なかったと言えます。福沢諭吉が日本で初めてdebateを翻訳した「討論」を用いて

西洋哲学を導入するまでは特にそうでした。

　また神道や仏教に見られるように、「言葉」によるコミュニケーションの価値が低く、真実とは「言葉にしようとすればするほど違ってくるもの」とも言われ、コミュニケーションは「阿吽の呼吸」で理解することを美徳とする「察しの言語(the language of conjecture)」や「沈黙は金(Silence is golden.)」が重要な要素でした。受信力の優れた人間が評価されるreceiver-oriented communicationが重視され、直感（感覚と経験・記憶からくるカン）や直観（それらによらない宇宙意識から来るカン）を重視し、メディテーションを通して1人で決断するスピリチュアルな精神文化をより高く評価する土壌があります。

　これに対して、欧米の民主主義の原点である、ソクラテス、プラトン、アリストテレスに代表されるギリシャ哲学では、アリストテレスが理想とする**「言語コミュニケーションによる共有」**を前提としました。そこでは、話し言葉ではメッセージのわかりやすさを重視するsender-orientedで、**「雄弁は金」**や**「公開討論」**に高い価値を置きました。そして、自然の状態では富める者が貧しい者を支配しやがては対立するという考え方に基づき、どちらにも偏らない中間的な存在（Moderation is a virtue.［中庸の美徳］）としての**立法者の重要性**を唱え、公開討論や選挙によって法律や政策の妥当性を議論するという土壌があります。

　これらを総合判断すると、日本型と欧米型の両方ともいい面があります。友情や恋愛など少人数や個人同士のinterpersonal communication（対人コミュニケーション）では、日本型の直感型コミュニケーション（holistic communication［腹芸］）が威力を発揮しますが、インターネットによってますますグローバリゼーションと民主化が進む社会においては、異文化間コミュニケーションと欧米型のコミュニケーションの進行は必然的です。そこで、本章では欧米型の利点を最大限活用するという前提に基づき、実用英語と英語のスピーキングというものについて述べていきます。

2 実用英語(practical English)とは何か!?

　最近特に重要視されるようになった「実用英語」とは、実際に（実践で）役に立つ(useful)、状況にマッチする(suitable)、うまくいく(successful)などの意味があり、学術的研究とよく対比されますが、実際にどういった英語のことを言うのでしょう。次の表を見てください。実用英語と言っても、国内と国外では状況が異なることがおわかりでしょう。国内にいるときには、一般の人は英語を話す機会が少なく、ビジネス上のEメールでのやり取り、つまりreadingとwritingの機会が多いので、実用英語とは「読む、書く」が中心です。一方、英語圏に行くと、留学以外の場合はlisteningやspeakingの機会が圧倒的に多いので、実用英語とは「聞く、話す」が中心になってきます。つまり実用英語の見地からは、英語の「読む、書く、聞く、話す」はどれも重要なのです。

	実用英語 (Practical English)	
国内(Domestic)		海外(Overseas)

国内(Domestic)			海外(Overseas)		
コレポン Eメール	プレゼン 交渉	交流 接待・案内	日常生活 Daily Life	オフィス Business	留学 Study
Reading Writing	Writing Speaking Listening	Speaking Listening	Speaking Listening Reading Writing	Listening Speaking Reading Writing	Reading Writing Listening Speaking

にもかかわらず、スピーキングがより重視されるのは、国内ではプレゼンや接待や観光案内などをする人以外はほとんど英語のスピーキングの機会がなく、英語の各種検定試験も次の表のようにスピーキングのウェイトが低いので、場慣れしていない日本人のスピーキング力は他のスキルと比べて非常に低いことが解決すべき大きな問題点となっているからです。

＜検定試験別4技能重要度＞

検定試験	Speaking	Listening	Reading	Writing	試験タイプ
TOEIC	0%	50%	50%	0%	ビジネス受信型
英検1級・準1級	0% - (85%)	33% - (15%)	33% - (0%)	33% - (0%)	4技能バランス型
TOEFL iBT	17%	50%	30%	13%	リスニング型
IELTS	22%	28%	28%	22%	4技能バランス型
TOEIC S&W	48%	2%	6%	44%	発信型
通訳案内士	0% - (90%)	0% - (10%)	60% - (0%)	40% - (0%)	日本文化知識型
国連英検特A級	0% - (85%)	0% - (15%)	80% - (0%)	20% - (0%)	時事英語型
工業英検1級	0% - (85%)	0% - (15%)	15% - (0%)	85% - (0%)	ライティング型

　( ) に入れてあるのは、二次試験を受けた場合です。英検は二次試験まで受験すれば4技能のバランスの取れた良い試験で、同じくIELTSもバランスの取れた試験です。発信力にフォーカスするならTOEIC S&Wや工業英検がベストの試験です。英語の検定試験を通して英語の発信力をUPさせようとするならば、こういった点を踏まえて対策勉強をする必要があります。

さてそれでは今度は、この日本人にとって極めて重要なスピーキング力とは何かについて述べていくことにしましょう。

3 英語のスピーキングとは一体何か!?

　英語の「読む、聞く、書く」のスキルと比べてスピーキングが苦手だという日本人は多いのですが、それはなぜなのでしょうか。本当に英語力が乏しいから話せないのか、その改善法は何なのか、といったことについて考えてみましょう。そのためにはまず、英語における speaking とは一体何かを完全に理解する必要があります。

　speak とは、「**s**(進)＋**p**(噴)＋**e**(出)＋**a**(開)＋**k**(蹴)」から構成される非常にパワフルでダイナミックな語で、エネルギーのほとばしりを表します。英英辞典（Oxford）では次のような定義が示されています。

---

① to talk to somebody about something; to have a conversation with somebody
　（何かについて誰かに話す；誰かと**会話をする**）

② to use your voice to say something
　（**声を出して何かを言う**）

③ to mention or describe something/somebody
　（物事・人物を**描写説明する**）

④ to use a particular language to express yourself
　（言語を用いて**自己表現する**）

⑤ to make a speech to an audience
　（聴衆に向かって**スピーチをする**）

　いかがですか。上記の情報から、speak の本質と、その能力を UP するために必要な事柄が何かを考えてみてください。自分はなぜ英語の speaking が苦手であるかが見えてきませんか。

スピーキング力UPのためにはfriendlyであれ！

①の定義にある**talk**をさらに英英辞典（Oxford）で調べると、

> 1. to speak in order to give information or to express feelings, ideas, etc.
>   **（情報を与え、自分の考えや気持ちを表すために発話する）**
> 2. to discuss something, usually something serious or important
>   **（重要な問題について話し合う）**
> 3. to talk about a person's private life
>   **（人の私生活について話す）**

などとなっています。

　speakの①の観点でまず重要なのは、他人との**interaction**[**=communicating with somebody, especially while you work, play or spend time with them**]（人と仕事をしたり、遊んだりしてコミュニケーションを取ること）です。こもって試験勉強やゲームばかりしているシャイで孤独なタイプは、スピーキングや人間関係で悩み苦しむことになりかねません。つまりshyではなくfriendlyな人が、スピーキング力が高くなるわけです。

　ちなみに**shy**とは、nervous or embarrassed about meeting and **speaking to other people**（人と会ったり話したりするのを怖がったり嫌がったりすること）を表し、これに対して**friendly**とは、behaving towards someone in a way that shows you like them and **are ready to talk to them** or help them（誰かに対して、好きであるとか、話したいとか、助けたいという仕草で接すること）を表します。日本人は島国根性（island nation mentality）から来る「外集団中集団意識（in-group-out-group mentality）」が原因で、誰とでも会話するということが少ない傾向があります。これに対して相対的に欧米人、特にアメリカ人は知らない人とでも気軽に話せるfriendlyな人が多く、これだけでも「スピーキング力が高い要因」と

なっています。

スピーキング力UPのために、情報のシェアを心がけよ！

　talkの定義の1に"**give information**"、"**express feelings, ideas**"とあることからもわかるように、speakの得意なタイプは、常に情報をシェアしたり、アドバイスを与えたりする「**気前の良さ**」のある、**情報通、物知り**です。特にアドバイスは「情報と意見」を同時に与えようとするということなので、speakingエネルギーの高い行動であり、**speakerタイプであればあるほど人にアドバイスを与えるのが好き**ということになります。裏を返すと、**自分の気持ちや考え方を言い表そうとする願望の少ない人は、speakが苦手**だということがわかります。特に、がり勉タイプの秀才にその傾向が強いようですので、speaking力UPのために情報をシェアするよう心がけましょう。

自己表現のススメ〜「雄弁は金なり！」

　欧米人は相対的に**friendly**で**assertive**な人が多く、授業でもミーティングでも、どんどん積極的に自分の意見を述べています。これは⑤to make a speech to an audienceと関連しています。④の**to express oneself**は**自分のfeelings, desire, thoughts, belief**などを述べることで、欧米人のほうが日本人よりこの傾向が強いのです。assertiveとはexpressing opinions or desires strongly and with confidence, so that people take notice（強く自信を持って意見や願望を述べ、人目を引く）の意味で、「沈黙は金」ではなく「雄弁が金」です。

　欧米では子どものときから**個性**（**individualism**［=the quality of being different from other people and doing things in your own way］［他人と異なり、自分のやり方で物事を行う性質］）と**自信**（**confidence**［=the feeling that you can trust, believe in and be sure about the abilities or good qualities of somebody/something）］［人物/物事の能力や性格の良さに対して**信じきること**］）を持つように教育されています。

　以前、電車の中で、アメリカ人が日本人と中級レベルの日本語で社会

問題や人生の問題について話しているのを聞いたことがあります。つたない日本語でしたが、話しているのはほとんどアメリカ人で、日本人はたまにあいづちを打っているだけでした。1つの例ですが、欧米人、特にアメリカ人が自分の意見を言おうとする勢いが強いことを物語っています。一方、日本人は聞き手に回る人が多く、特に面識の浅い人との会話ではそうなりがちなので、speaking力がUPしにくいのです。

社会問題討論＆人生哲学のススメ

　talkの定義の2に、**to discuss** [=to talk about something with somebody, especially in order to decide something]（何かを決定するために誰かと話し合う）の意味がありますが、これは**社会問題を多面的に討論したり、何かを決定するために真剣にビジネスミーティングをしたり、重大な人生哲学に関する問題について掘り下げて話し合ったり**することです。欧米ではハイスクールのときから、社会問題や人生の問題についてのディスカッションを中心にした授業が行われています。「成功に必要な条件は運か、努力か、才能か、自信か、チャレンジ精神か、決断力か」といった**人生哲学のトピック**や様々な教育の問題についての課題作文練習の機会も多くあります。仮定の状況（**hypothetical situations**）に自分を置いて「**if思考**」で物事を論じたり、人を説得したりするための理由づけをする訓練を中心に行われているのです。

スピーキング力UPのために論理的思考力を鍛えよ！

　重要な問題のディスカッションに欠かせないのが、「**論理的思考力（critical thinking ability）**」と「**アーギュメント力**」です。前者は、国際化が進む中、最近特に重要になってきたもので、「**関連情報を集めて評価し、問題と解決策を見出し、優先順位をつけ、問題解決や結論に至る能力**」で、欧米の大学・大学院教育で特に重要視されているスキルです。何をするか、何を信じるかについて、明確に、深く、合理的に考え、意見・価値観の論理性、論理の矛盾、思い込みを検証し、理路整然と問題の解決策を導き出していくことです。

このクリティカルシンキング力が、**欧米の「学問・教育の核」**となっていると言っても過言ではありません。故にこれは、英語のスピーキングを始めとする４つのスキル (speaking, writing, listening, reading) を伸ばす上で極めて重要なスキルで、欧米では充実した人生を歩むために必要なものと見なされています。英語で人生哲学を考えることによって、英語の発信力が数段UPするのです。

英語のアーギュメント力とは何か？

　アーギュメントは、「互いに自分の意見を論じ合ったり、戦わせたりすること」という意味の日本語の「議論」とは違います。to discuss something with other people giving your different opinions（異なる意見を出し合い）、to state that something is true or should be done and give clear reasons why you think so（正当性の理由を挙げ）、to support your opinions with evidence in an ordered or logical way（理路整然と証拠を示し）証明していきます。日常生活では、人々は直感的に好き嫌いで判断して意見を述べたり、自分の考えを証明しようとせずに社会通念に従って他人を説得しようとしたりしがちです。ところが**argumentでは明確な理由と証明が必要**です。欧米社会はよく**argument culture**と呼ばれ、法廷論争、presidential debate（大統領選公開討論会）、ビジネス交渉、学会発表やoral defense（口頭試問）などに見られるように、アーギュメント力が非常に重要となり、日常会話でもアーギュメントするケースが多く見られます。これに対して、日本人は「和の精神」や「権威主義」のためにアーギュメントを避けたがるか、議論するときには倫理観や社会通念に基づいた善悪の判断に走り、「なぜ」という理由づけに欠ける傾向があります。

　例えば、「**口喧嘩**」と「**argument (debate)**」の違いを表す例を見てみましょう。「君は自己中心的だ」と言われたときに、矛先を相手に向けて「あなたこそ」と言い返すと口喧嘩になります。一方、一切相手を批判せず冷静に「そうではありません。なぜなら、助言を求めてくる人にはいつもアドバイスを与えるし、ボランティアワークも積極的にするし、ユニセフの寄付もするし…」と反証していけばアーギュメントとなります。口喧嘩

は、むきになり（take it personal）、反証もなく個人攻撃の応酬となってわめき合い（shouting match）になる率が非常に高い危険なやり取りと言えます。

ポイントをまず述べ、サポートせよ

　次に、critical thinking と argument で重要なことは、「**ポイントを述べてそれをサポートする**」というコミュニケーションスタイルです。日本人は語彙力に乏しいために英語を話すのが苦手であるだけでなく、**idea fluency** に欠けるために話が遅くなり、おまけにポイントから述べないので話がわかりにくくなるという、いわば「**三重苦**」になっている人が非常に多いようです。コミュニケーションでなかなか本論に入らない人は、**Get to the point, quick!** を心がけましょう。

　この点を踏まえて、**日本語での会話（日会話）**の中でも、常に結論を述べてからその理由を述べる練習を行う必要があります。例えば、「この計画は実現可能性が非常に低いと思います。その理由は、研究開発費がかかり過ぎる割に数年以内に元が取れる見込みが立たず（cannot expect a return on the investment in several years）、大衆受けが期待できない（not have popular appeal）からです」のように述べましょう。私の場合、大学院留学の後、意思決定や解決策や価値判断をする場合は日常の些細な問題であっても、「旅行先は箱根にする、その理由は大きく３つだ」のように話す習慣を身につけました。海外留学経験がなく「純ドメスティック（＝純ドメ）」の教育を受けた人が英語のスピーキング力UPを図るには、この点に注意し、意識的に努力して、**agility** [=the ability to think quickly and clearly] を身につけていく必要があります。

　次に、talk の定義の３にある **to talk about a person's private life** について触れておきましょう。これはゴシップのことでネガティブにとらえられがちですが、speaking の原動力になっており、他人のプライバシーについて噂話の好きな人ほどスピーキングのパワーが強いことがわかります。

英語の発声は腹式呼吸！

　では、speakの定義に戻って②を見てみましょう。**to use your voice to say something**（声を出して何かを言う）の観点から見ると、疲れていたり体力がなかったりして声が出しにくい人や、声が細くて小さい人はスピーキングが苦手ということになります。また前述のassertivenessに欠ける人も、自信がないので声が小さくなります。英語の発声は「**腹式呼吸**」なので、弱々しく通らない声を喉から出すことはコミュニケーションを困難にし、特に人前で話したり英語検定試験を受けたりするときには致命的です。英語のspeakは**sp**（スパーっとエネルギーがほとばしる）で始まる単語なので、腹から声が出て、ダイナミックでエネルギッシュでないとダメなわけです。ですから、わめかないと声が出ない人は、自然に大きな声が出せるように「ボイストレーニング」を行う必要があります。

スピーキング力UPのために描写能力を高めよ！

　speakの定義③の**to mention or describe something/somebody**（物事・人物を描写説明する）の「描写能力」は、「〜とは何か？」を言葉で説明することで、人物描写力や、商品や企画を説明するプレゼンテーション力なども含まれます。この点に関しても、欧米人のほうが日本人より勝っています。というのも欧米では、子どものときからの国語教育で、「尊敬する人物、最も影響を受けた先生（歴史上の人物）、忘れられない経験、最も行きたい国、望ましい友人（上司）像、住みたい家の特徴、ホームタウンの長所と短所」などのトピックに関して、長めの課題作文を書く練習をしたり、授業でプレゼンテーションするなどして鍛えているからです。日本では、このような練習をする機会がなかなかありません。

音読により、運用語彙・表現力を増やせ！

　speakの定義④**to use a particular language to express yourself**（言語を用いて自己表現する）は、ある言語の運用力のことです。ご存じのように、日本人は語彙表現力UPに関して、学生の頃から「**受信型**」の勉強をしています。そのため、文脈から意味が理解できる「認識語彙・表現」

（passive vocabulary）は増えるものの、実際に使える「運用語彙・表現力」（**active vocabulary**）が非常に乏しい英語学習者が圧倒的に多いというのが現状です。つまり、読解はある程度できても、書く・話す力が非常に弱く、このことが今の英語教育の元凶であると言われています。

　これと対照的に、欧米人が日本語を覚えようとするときには、即使えるスキルを身につけようとして学ぶため、知らない語彙・表現は繰り返し音読して自分のものにしようとします。よって日本語語彙水準で2000語レベルの入門・初級者の欧米人は、それらの日本語を駆使して話そうとするので、日本人の英語学習中級者と違って、読み書きは非常にまずくても日本語である程度コミュニケーションができる人がたくさんいます。

　日本語は**pictographic**（絵文字的）なのに対して、英語は**phonetic**（音声の）言語です。日本人は「黙読」が中心になり、読み・書きに強くなるのに対して、リズムやイントネーションがキーエレメントである英語の母国民は「音読」を重視し、話す・聞くが強くなると言われます。そこで英語学習のときには、日本人も、音読を意識的に行う努力が必要になります。

プレゼンテーションのススメ

　speakの最後の定義⑤**to make a speech to an audience**（聴衆に向かってスピーチをする）も、日本人では苦手な人が大半を占めます。これは、日本の国語や英語教育では読解や暗記が中心であるためです。

　一方欧米では、親が子どもに、自分の意見を持ちきちんとした理由を述べられるように教育します。また授業のディスカッションでも自分の意見を論理的に述べる練習をさせます。しかし、伝統的な日本型の教育を受けた人々にとって、この「欧米型コミュニケーションスタイル」を身につけるのは、英語であれ、日本語であれ、非常にチャレンジングなのです。日本人は直感的な意見を述べるスタイルのコミュニケーションが当たり前になっているのに対して、英語のネイティブスピーカーは、何かのポイントを述べた後、理由を聞かれなくても、because...と理由を述べるのが基本です。そのため、何らかの質問に対する答えが長くなりが

ちなのですが、日本人は10秒ぐらいで応答が終わってしまうか、理由ではなく関連情報を述べることが多々あります。また、英語圏の人は聞き手に対して、自分の意見がより強いことを示そうとします。彼らのコミュニケーションは証拠に基づいて議論し、**自分の意見の優位性を相手に理解させようとするのが基本的なスタンス**です。

　以上、日本人の英語スピーキングにまつわる問題点について述べてきました。スピーキングに対する苦手意識の克服には、英単語や文法の習得といった従来型の英語学習で重要視されていた以外のファクターを鍛える必要性がおわかりいただけたでしょう。それらの問題点は、日本人が民主主義社会の国際コミュニケーションにおいて、異文化間での相互理解を深める上で障害となっており、「**論理的分析力**」「**説得力**」「**個人主義（自己主張力）**」などの欠如が日本人の英語発信力を弱めている大きな要因となっているわけです。しかし国際化が高まる中、critical thinking力、argument力、assertivenessはますます重要性を増しています。それらを効果的な方法で鍛え、弱点を乗り越えていく必要があります。

　では、いよいよ次の章では、英語発信力（スピーキング＆ライティング力）UPの極意について見ていくことにいたしましょう。

　それでは皆さん、明日に向かって英悟の道を、

Let's enjoy the process!（陽は必ず昇る！）

スピーキングとライティングとの関係とは!?

　英語のスピーキングとライティングを分けて考える人もいれば、ほぼ同じとする人もいます。またスピーキングは何とかできるが、ライティングが苦手だという日本人も多く、その逆のタイプも多くいます。1つ言えるのは、日常会話のようにレスポンスや会話のやり取りが重要な場合以外のすべてのスピーキング力はライティング力に大きく左右されるということです。社会問題の討論やビジネスミーティングや学会発表などのようなプレゼンに見られるフォーマルなスピーキングの場合は特にそうです。そして、英語レベルが高い人のスピーキングは、即興のものであっても、英語のレベルがそれほど高くない人が時間をかけて生み出したライティングのレベルを超えています。実際、ディスカバリーチャンネルを見てもわかるように、ネイティブやバイリンガルの学識経験者の英語スピーキングは、英検1級レベルの日本人のライティングよりもレベルが高いものですが、これはライティングやプレゼンテーションで年季を積んでいるからです。また、一流の日英同時通訳の英語スピーキングは、即座に日本語を英語に直すにもかかわらず、駆け出しの日英翻訳者が時間をかけて翻訳した英語ライティングよりも英語のクオリティーが高いものですが、これも熟練の賜物です。

　よく私は、「書くように話せれば一流、話すように書けば爆発」と生徒に言いますが、日本語でも録音に堪えられるぐらい正確に話すのは難しく、話すときのように適当に書くと非常に問題のあるライティングになってしまいます。そこで、ライティング力を鍛えて、正確な英語を発信できるようになれば上級者です。もっとも、スピーキングではリズムやメリハリが重要なので、正確さはある程度犠牲にしても流暢さやインパクトを優先しますが、文法・語法的に正確な英語がスピーキングレベルでも発信できるに越したことはありません。

Chapter 2

スピーキング力を生まれ変わらせるための英語発信力（スピーキング力＆ライティング力）UPの極意

1 英語スピーキング力を構成する要素とは!?

　Chapter 1では英語のスピーキング力をUPするための概論を述べましたが、Chapter 2では、英語のスピーキング力を最も効果的にUPするために、日本人のスピーキングとライティングの問題点の分析に基づいて、英語の発信力（特にスピーキング力）をUPする最短距離アプローチについて具体的に述べていきたいと思います。そして、日本人が英語を発信していく上での様々な問題点をどうやって克服し、いかに効率良く英語の発信力を伸ばすことができるかについて、英検、TOEIC、TOEFL iBT、通訳案内士試験など様々な英語の資格検定試験の問題を用いて述べていきましょう。

　インターラクションではなく、「発信」という点にフォーカスして英語のスピーキング力というものを考えた場合、それは大きく分けて次の3つの能力から成り立っています。

1 状況別会話能力

　旅行英会話を始めとして、感謝、謝罪、再会など**様々な状況に応じて的確なやり取り（situation dialogue）ができる能力**。俗に言う「英会話」はこの要素が最も高く、「状況に応じてこう言おう！」といった英会話の本が多く市販されています。初級レベルなら、大部分は決まったフレーズを暗記すればOKで、短期間でこなせるようになるでしょう。しかしTOEICのリスニング問題のPart 2やPart 3のようなホテル、空港、劇場、銀行などでの中上級レベルの状況別会話になってくると、もう少し高度なスキルが必要です。

　実際の会話では、間接的なレスポンスや洗練された言い方のパターンがどんどん出てきます。Why ～?と聞かれたとき、Because ～と答えず、

状況を述べて間接的に理由を述べたり、What country are you going on business?と聞かれたとき、Italy.とぶっきらぼうに答えるのではなくI have Italy in mind.と答えるような、様々なやり取りのパターンに慣れ、吸収する必要があります。

しかし、日本人がネイティブスピーカーの発想であらゆる状況を表現できるようにするというのは、世界で日常的に英語を使う人の4分の3がノンネイティブである今の「ボーダレス時代」に逆行します。そこで、最低必要レベルまではマスターし、それ以上はノンネイティブとしての英語のクリエイティビティーを追求しつつ、それを説明する努力をするほうが、異文化が歩み寄るfairnessを実現できる真の異文化間コミュニケーションになります。

2 事物描写能力

何が起こったか、どんなもの(映画、本、人物、絵、車、国)なのかを**伝えたり、事物を説明**(歌舞伎とは?合気道とは?)**したりする能力**のことです。この能力は、TOEIC S&Wのスピーキングの写真描写問題、英検準1級の面接試験に見られる4コマ漫画描写問題、通訳案内士試験における日本事象説明問題、TOEFL iBTやIELTSのスピーキングセクションの自分の体験談や好みなどを述べる問題などでテストされます。よってこのスキルは、英語の検定試験では1の状況別会話能力よりも数段重要なファクターとなっています。

「事物描写能力」は1と違って、一朝一夕に身につくものではなく、また決まったフレーズを暗記するだけでは不十分で、広範囲に渡って英語の表現力をUPさせる必要があります。それには最短距離の英語学習法でも何年もかかりますが、実際の日常英会話ではこの能力が最も重要です。1の状況別会話能力だけでは中身のある話ができないため、ネイティブスピーカーと会話していてもつまらない人間だと思われてしまいかねないので、ぜひ「本物の英語力」を身につけてほしいものです。

3 意見陳述能力

何らかのトピックについて**意見を論理的に述べる**(argument)**能力**。特に

社会問題に関して、データ、証拠(evidence)に基づいて分析・プレゼンをしたり、討論で反対尋問(cross-examination)に答えたり、反論(counterargument)したりする能力のことで、国際政治・ビジネス社会で最も必要とされている能力です。これは高度な英語の検定試験の「核」となっている部分で、英検2級・準1級・1級や、TOEFL iBT、IELTS、TOEIC S&W、国連英検、通訳案内士試験、ケンブリッジ英検などのスピーキング・ライティング試験でテストされる、ロジカル(クリティカル)シンキング能力でもあります。

この能力UPのためには、単なる英語表現力だけでなく、論理的思考力(critical thinking [reasoning] ability)を高める必要があります。この**logical argument**は日本人が非常に苦手とするものですが、効果的英語学習法とシステマチックトレーニングによって、国際社会で通用する「論理的意見陳述能力」を身につけましょう。

以上の「**状況別会話能力**」「**事物描写能力**」「**意見陳述能力**」の3つが英語スピーキングの三本柱です。単に英語が速く話せるだけでなく、これら3つの能力が備わっていて初めて、スピーキング力が高いと言えます。

これにもう1つ重要な点をつけ加えるとすれば、それは「**ポイント理解力**」です。スピーキングというのは、自分がトピックを選んで話す場合と、問題や質問について話す場合があり、特に後者の場合はポイントをつかみ損ねると、いくら話しても何の意味もありません。そこでリスニングであれ、リーディングであれ最初にしっかりとポイントをつかんでおいてから、発信することが極めて重要です。特に会話のやり取りでは、ポイントをつかむためにしっかり話を聞く力が重要になってくるので、優れたスピーキング力には優れたリスニング力が欠かせないわけです。

そしてこういった次元を超えてさらに、**eloquent**(雄弁で説得力がある)、**pithy**(引き締まって力強く無駄がない)、**humorous**(ユーモアがある)などの要素が身についてくると、超級レベルと言えるようになってきます。

2 なぜ日本人はスピーキングが苦手なのか？
～日本人の英語発信力の20の問題点とは⁉

1 音声・デリバリー面
①発音がカタカナ的なので、通じなかったり誤解を招いたりする。
②英語はストレス・イントネーションが重要で、それによって意味が大きく変わるが、それを知らないため使い分けができていない。
③英語にリズムがなくごつごつしている。
④話すスピードが遅すぎたり、速く話そうと焦って英語が乱れたりするため、相手にとって聞き取りにくい。

2 語彙面
⑤カタカナ英語の弊害で、英単語を誤用してしまう。
⑥英和辞典や単語帳の弊害で、正しく語彙を使えない。
⑦英単語の意味の広がりをつかめていないため正しく語彙を使えず、非常に限られた使い方しかできていない。
⑧類語の使い分けができていない。
⑨単語の結びつき（コロケーション）を知らないので、正しく語彙を使えていない。
⑩非常に使用頻度の高い日本語を英語で言えない。
⑪ネイティブの子どもが使える基本動詞、句動詞を使いこなせない。

3 文法面
⑫時制のミスが非常に多い。
⑬前置詞のシンボルがつかめていないため、よく使い方を間違える。
⑭助動詞の機微が使いこなせない。

⑮冠詞や名詞の可算・不可算をよく間違える。

4 発想面
⑯日本語の発想から来る英語を使ってしまうため通じない。
⑰物事を論理的に分析し判断する力が欠けており、頭の中で意見がまとめられない。理路整然と話せないので通じにくい。

5 背景知識
⑱世界情勢や外国の文化に関する知識が乏しくて、様々な話題についていけない。
⑲英語で義務教育を受けていないので、知的な話をする表現力に欠ける。
⑳日本のことをよく知らないため、外国人に聞かれても答えられない。

1 音声・デリバリー面
　英語のリズム感は、「強弱の感覚」から生まれ、それにイントネーションをつけて歌うように読んだり話したりするのが理想です。しかし、概してノンネイティブは英語を耳からinputする絶対量が少なく、物真似のセンスが乏しいために、うまく英語スピーキングのリズム感が出せません。この点に関しては、話している英語の意味がわからなくても真似して言うぐらいの遊び心が必要です（タモリの「7か国語バスガイド」は各国の特徴をよくつかんでいます）。スピーキングだけでなくライティングでも英語のリズムを表現することができればかなりのもので、語彙・表現の選び方も変わってきます。

2 語彙面
　語彙面に関する一番の弊害は、「英和辞典」や「単語集」による和訳の暗記です。このやり方では、英単語の意味の広がり（semantic field）がつか

めず、語感（feeling of the language）が養われず、語彙を正しくあるいは幅広く運用することができるようになりません。「発信型の勉強」をしないと中学レベルの語彙から脱出できません。また、ノンネイティブは「**基本動詞**」や「**句動詞**」を使いこなせない人が多いので、これを真剣に勉強する必要があります。留学をしないで主に日本で英語の勉強をしている人は時事英語を中心にする場合が多いようですが、英語圏の映画やテレビドラマも英語学習の題材として勉強する必要があります。ネイティブの子どもが知っているような基本動詞や句動詞を駆使できないと、「広がりのある生き生きとした」感が出せないので、これらは特に日本人にとって何としても乗り越えるべき課題です。

3 文法面

文法面に関しては、ノンネイティブは母語の干渉から来る文法ミスを非常に犯しやすいので要注意です。文法的英文分析などは、発信力UPに（受信力にも）あまり重要ではありませんが、もう一度「発信型実用英文法」の見地から、真剣に勉強し直し、かつその知識を実践で活かせるようにする必要があります。

4 発想面

言語人類学者によると、日本語は世界で最も文脈依存度が高い（high-context）と言われています。それは日本語コミュニケーションが、主語、代名詞、時制、限定詞、接続詞といった文法的観点から見て不明確で文脈依存的であるばかりか、メッセージにおいても「風が吹けば桶屋が儲かる」のような論理の飛躍が非常に多いために、何を言っているのかわかりにくいといったことがよく起こるからでしょう。

英語が論理性を重んじるのは、現代サイエンス・学問の礎となっているアリストテレス哲学の理路整然性とアーギュメンテーションを原点とするからです。言葉や理屈より対人関係における調和を重んじる日本古来の仏教＆儒教文化とは異なります。伝統的な日本人なら、相当なカルチャーショックを乗り越えないと、英語の論理性が板についてこないで

しょう。

　特に英語のライティングでは、ポイントを非常に重視し、1段落に1ポイントを述べてそれをサポートし、generalからspecificに述べていくことを原則としていますが、日本語はこれに関して厳密ではありません。英語文化は論理を追求し、それからはずれるとIt doesn't make sense.とされてしまい、**非論理的・あいまいなものへの受容力**が低い傾向があります。これに対して、人間関係の対立を避けようとする日本文化では、論理性はあまり重視されない傾向があります。

　clarityやpolitical correctness、つまり論理明快で世界中の人々が理解しやすく、かつ言葉による差別のないコミュニケーションなどが基調になっているborderless Englishの見地からすると、日本人のコミュニケーション形態は論理明快でないことが多いので、パブリックスピーキングやアーギュメントにおいては理想的とは言えません。しかし、interpersonal communication（対人関係におけるコミュニケーション）においては、日本的なコミュニケーションスタイルには優れた面もたくさんあるので、ぜひ使い分けができるbiculturalを目指してほしいものです。

5　背景知識

　最後に知識・教養・人生経験・wisdomについては、昔からよく言われていることで、書く中身がなければいくら英語の表現力が優れていても話になりません。last but not leastで、最も力を入れてほしい分野です。まず英語の勉強を、検定試験合格のためだけでなく知識・教養を増やすための手段として活用し、英字紙や洋書や百科事典などを興味を持って読みましょう。百科事典を読む時間がないという方は、私の著書『英語で説明する人文科学』『英語で説明する科学技術』（語研）をお読みください。そして「異文化体験」を多く持ちましょう。

　ところで、「経験・体験」を表す**experience**を英英辞典（Longman）で調べると、"knowledge that you gain about life and the world by being in different situations and meeting different people, or the process of gaining this"（様々な状況を経験し、異なる文化の人と交流することで、人生や世

の中について得られる知識と**そのプロセス**）とあります。そこで培われるwisdomこそがスピーキング力・ライティング力UPに重要なファクターです。読書や人生経験を通して、人生・世の中について深く考え、視野や世界観を広げましょう。

　さて以上が日本人のスピーキングの問題ですが、ライティングの問題点はどうでしょうか。英語のスピーキングとライティングの問題点は何が違うのか、比較しながら見ていくことにしましょう。

3 スピーキングとライティングの問題点の違いとは!?

　スピーキングとライティングの問題点は、「音声・デリバリー面」以外は非常に似ているように見えますが、根本的な違いを考えてみましょう。会話では、メッセージがわからなければ話者を中断させて質問ができますが、プレゼンではわからなくても最後まで聞かなければなりません。またライティングでは通常、全く質問ができない一方通行です。しかし、**スピーキングは音声情報が一過性（fleeting）**であるのに対して、ライティングでは何度も読み直して理解することができます。

　そこで生まれてくる違いは、**スピーキングでは様々な意味を持つgeneral words**を使ってもいいのに対して、質問のできない一方通行の**ライティングでは意味の限定されたspecific words**を多く用いたり、一見わかりきっているように思えても言葉を補ったり、論理の展開を明快にして読み手を疲れさせないように配慮する必要があるということです。また、検定試験の場合は、スピーキングのテストは短いのでそれほど掘り下げなくてもよいのに対して、ライティングでは理由を3つ述べて掘り下げるような分析力・哲学力が必要となってきます。

　私は過去33年の教歴で2000名近くの英検1級合格者を育ててきましたが、日本人のスピーキングとライティングの正確さを、文法・語法・論理性の面から分析すると、平均的英検1級合格者（TOEIC900〜950点）の場合、スピーキングの精度が50％ぐらいでライティングの精度が75％ぐらいだと思われます。これを、スピーキングの精度を70％以上、ライティングの精度を90％以上にUPさせると、かなりのプロフェッショナルになってきます。ただ、前述のように（p.24）教養のあるネイティブやバイリンガルの高度なスピーキングは、一般的な日本人のライティングより、語彙表現も論理的分析力もレベルが高いものです。教養あるネイティブスピーカーレベルのスピーキングが80％以上で、ライティングが100％

に近いレベルなので、英検1級レベルの日本人が辞書を引きながら時間をかけて生み出したライティングよりもスピーキングのレベルが高いということになります。

しかし、スピーキングの精度にこだわるあまり流暢さが損なわれ、英語のリズムが失われると、聞き取りにくいものになってしまいます。基本的には、まずは意味が誤解なく伝わる最低ラインの50%の精度で、音声面を重視しましょう。いずれにしてもライティングとスピーキングのトレーニングを通して、両方をパワーUPしていく必要があります。

英語のライティングとは何か！

さて、スピーキング力UPのためのライティングの重要性がわかっていただけたところで、効果的なライティング力UP法について考えてみましょう。そのためにまず、英語のwritingとは一体何かを把握する必要があります。

writeとは、「**w**(曲)+**r**(転)+**i**(鋭)+**t**(定)+**e**(出)」からなり、「頭の中で、ああでもないこうでもないと試行錯誤をくり返しながら、**考えを転ばせて最終的にシャープな論を定めてoutputする**」イメージです。英英辞典(Oxford)でwriteを引くと、次のようにあります。

> ①**to produce something in written form** so that people can read, perform or use it, etc.(何かを文章の形で生み出し、人が読んだり実行したり使ったりできるようにする)
>
> ②**to put information**, a message of good wishes, etc. in a letter and send it to somebody(情報やあいさつなどを手紙にして、誰かに送る)

つまりwriteとは、「**読んでわかる文字情報を、手紙、本、記事などの形で生み出し、作品を作る**」ということです。記事、エッセイ(a short piece of writing on a particular subject)、論文(an academic article about a particular subject)に共通していることは、ある「**特定のテーマ**」について書くことです。よって日本語で言う随筆のような、特定のものにフォーカスしない文章や、対話するようにして書く散漫なわかりにくい文章は、英語で言うwritingにはなら

ないのです。

　欧米社会でのライティングは、いわゆる3C(clear [明確である]、correct [正確である]、concise [簡潔である])を特徴とする「テクニカルライティング」が重要視されます。これは想像力を働かせながら読ませる文学と違って、ビジネスレターや報告書やプレゼンなどのビジネスコミュニケーション、広告宣伝、法律関係、特許・契約書、論文などに不可欠な文章のことで、writingの重要な要素を占めます。また、あるトピックについて深く考え、話をそらさずに掘り下げてある程度の長さ(検定試験の場合は200～300語)で論じることも重要です。

英文ライティングに重要な7つのファクター

　ではここで、英文ライティングにおいて重要な7つのファクターを見ていきましょう。

①運用語彙・表現力（working vocabulary）
基本動詞・形容詞・名詞を始めとする基本5千語を使いこなせない場合は要注意！

②文法力（grammatical competence）
時制、冠詞、名詞の可算・不可算・前置詞、助動詞、構文など、基本的な文法項目であまりにもミスが多い人は要注意！

③教養（cultural literacy）
読書の分野が偏っており、社会問題や様々な学問分野への興味に乏しい人は要注意！

④論理的思考力（critical thinking ability）
日本の学校教育ではcritical thinkingのスキルが鍛えられていないので、ディベート練習やエッセイライティングなどで「斬れるアーギュメント」ができるようにトレーニングすること！

⑤人生について考える思慮深さ（philosophical thinking）
日常のタスクに追われ、人生の諸問題や社会問題について深く考えたことのない人は、常日頃から問題意識を持とう！

⑥ **人生経験（experience）**
　異なる環境に身を置き、異なる人々と会うことで得る、人生や世の中に関する叡智とそれを得るプロセスのこと。異文化への興味や理解・経験が少なく、読書経験やドラマ・洋画など人間模様を描いた物語での疑似体験が少ない人は要注意！

⑦ **尊敬に値する人徳（character）**
　成功哲学について論じるような価値論題（value topic）の場合、志が低かったり、自分に自信がなく、ネガティブなことを言ったりしてしまうようなタイプは人の心を打つライティングができません。「智勇仁」の人間力を鍛えましょう。

　いかがですか。スピーキングにも共通するファクターであることにお気づきでしょうか。つまり、「コンテンツ」で勝負するスピーキングを目指すなら、ライティングを鍛えるのが効果的なのです。

　ライティングでは、スピーキングと違って、ジェスチャーをしたり、声を大きくしたり、顔の表情を変えたりして、意見や気持ちを伝えることができません。また、基本的に読み手は著者に質問できないので、優れたライティングをするためには、豊かな語彙・表現力を身につけ、誤解を起こすような文法ミスや論理の構築を避けなければなりません。

　アメリカの大学で英語教育の教鞭を20年間近くとってきた、ある日本人の教授の話す英語は、My concern is more the other way around.（私が懸念しているのはその逆のほうです）といったようにこなれた英語で、ネイティブは彼の英語をパーフェクトと言っていました。長年、教育界でプレゼンやペーパーライティングを通して正確なアウトプットを心がけてきたために、無駄や間違いがなく、教養のにじみ出るこなれた英語を話せるようになったと言えます。

　これに対して、英会話ばかり重視してきたためにライティング経験の少ない人や、Eメールなどの英文ライティングの添削指導を受けていなかったり、辞書を引いて語法・文法ミスがないよう書く努力を怠ってきたような人は、ライティングやスピーキングの英語におけるミスが非常に多くなっています。

ミスの多い英文を書いても平気になっている人は、当然ながらスピーキングもブロークンで低レベルな話し方になっており、これは英検1級にパスした人にもあてはまることが多いようです。

　かつて、日本語を話す機会がこれまでほとんどなかったにもかかわらず、日本人をはるかに超える正確さで日本語を話す韓国人がいました。その人の場合はライティングを中心に日本語の勉強をしていたために、書くように正確に日本語が話せるようになったのです。また欧米の日本語のコースではライティングの授業に力を入れており、授業中に30分で短いエッセイを書くテストが頻繁に行われ、「インプットしたらアウトプットもする」という姿勢が染みついています。

　語法・文法や論理の展開などでミスの多い英語を話してきた人は、初心に帰り、正確でクリアで説得力のある引き締まった英語を発信できるように頑張りましょう。それによって英語のスピーキング力がワンランクUPすることは間違いありません。

ライティングにないスピーキングの特徴

　以上、スピーキングとライティングとの違いと関係を述べてきましたが、スピーキングにはライティングにない重要な要素であるノンバーバルファクターがあります。紙面の都合で詳しく述べることができませんが、人間のコミュニケーションのうち、聞き手は話すコンテンツよりも話し手のノンバーバルコミュニケーションメッセージ（声、表情、ジェスチャー、服装など）のほうに数段注意を払っていると言われています。ですから、スピーキングの上手な人というのは、ノンバーバルの表現力が高く、リスニング力が高く、五感を用いて相手の心を察知し（mind reading）、当意即妙に反応でき、TPOや相手のインテリジェンスに応じて、書き言葉や話し言葉や擬音語やジェスチャーなどを使い分けることのできる人です。

　いかがでしたか。スピーキングとライティングは切っても切り離せない関係にありますが、それぞれに一長一短があり、それらを自由自在に操れる人こそが「英語のスピーキング・ライティングの達人」なのです。

4 日本人のスピーキングの問題は「国語教育」にあり！

　日本人英語学習者が論理的な英語を話したり書いたりするのが苦手なのは、子どもの頃から何らかのトピックについて考え、論理的に討論したり、書いたりする訓練をほとんど受けていないからだと言えます。これに対して米国人に論理的に話す・書く能力が身についているのは、子ども時代からの言語教育がそういった機会を提供しているからです。そこで、その違いを認識していただくために、米国の学校ではどのような作文トピックを扱っているのかを見ていただきましょう。

米国の学校で書かせているエッセイトピックとは！？

　アメリカの教育機関Educational Testing Serviceのオンライン作文学習プログラム「Criterion」には、小学校4年生〜中学・高校・大学生向けトピック、大学院へ行くための試験（GRE）に出題されるトピック、TOEFLのエッセイトピックなどが400以上あります。これらを分析すると、米国の国語作文でどのような能力が鍛えられ、求められるのかがわかります。

小学生高学年〜中学生前半のエッセイトピック

　まず小学校の4・5年、中学の前半では主に以下の6つのカテゴリーがあります。以下の例は4年生の問題からです。小学校では、論理的思考と想像力を鍛えるためのトピックが中心になっています。

①cause-and-effect essay（因果関係を説明する文）
例：「家事の中の1つを挙げて、それを誰もしなかったとしたら生活はどのように変わるかについて述べなさい」

②compare-and-contrast essay（二者を比較対照する文）
例：「自分の好きな教科と嫌いな教科を挙げ、似ている点と異なる点を述べなさい」
③descriptive essay（物事を描写する文）
例：「雨の日に、外にいたときの経験について描写しなさい。またどのように感じたかも述べなさい」
④narrative essay（物語文）
例：「ある日、空飛ぶモップを見つけました。そのモップはどこから来たか、それで何をするか物語を書きなさい」
⑤persuasive essay（自分の意見を述べる主張文）
例：「どんなペットを飼いたいか、理由を挙げて説明しなさい」
⑥process essay（手順・方法などを説明する文）
例：「朝起きてから学校に行くまでのプロセスを説明しなさい」

中学生後半～高校生のエッセイトピック

　中学の後半、高校生では、「因果関係」「比較対照」「手順」に関して、**事実に基づいて何かを解説したり、説明したりするexpository essay（説明文）**というカテゴリーが重要になってきます。小学生向けのトピックにもあった、自分の意見を理由と共に主張する**persuasive essay（主張文）**も引き続き問われますが、レベルUPして「何かの重要性」「何かをすべきでない、何かをするのは良いかどうか」などの**価値論題**となります。また、このpersuasive essayには「人に何かをする（しない）よう説得する」タイプの問題も含まれます。

①expository essay（説明文）
例：「永遠に留まっておくことができる年齢を選べるとしたら何歳かを選び、その理由を述べなさい」
②descriptive essay（物事を描写する文）
例：「あなたのお気に入りの持ち物について描写し、その外観や手触りなどが重要な理由について示しなさい」

③ narrative essay（物語文）
例：「あなたとあなたの親友の1人がどのように出会い、どのように親友になったのかについて描写しなさい」

④ persuasive essay（自分の意見を述べる主張文）
例：「春の天気のいい日、先生に外で授業をするよう説得するエッセイを、予測される反対意見に対する反論も準備しながら書きなさい」

大学生レベルのエッセイトピック

　大学レベルになると、エッセイトピックはほぼすべて persuasive essay（説得のためのエッセイ）タイプとなります。しかし、TOEFLはノンネイティブ向けなので、説得タイプと説明タイプが混在しています。

● 大学1～2年生 レベル
① persuasive essay（自分の意見を述べる主張文）
例：「私たちが選ぶ英雄・ロールモデルの有無は社会や我々自身について何を示しているか」

● TOEFL iBT
② persuasive essay（自分の意見を述べる主張文）
例：「大学卒業後、故郷で暮らすのと他の街で暮らすのとどちらがよいと思うか」

③ expository essay（説明文）
例：「多くの学生が海外留学するが、それはなぜか」

　いかがでしたでしょうか。米国の言語教育では、こういった作文練習を通して、生徒の様々な能力を評価し、開発しようとしています。これらをまとめると、次の10の能力に分かれます。

米国の国語教育が目指す10の能力とは!?

① imaginativeness（想像力）
小学4年生の「空飛ぶモップの話」などに見られる「架空の物語を作り出す能力」は、小学生・中学生のレベルでしか出てきませんが、「テクノロジーがなくなったらどうなるか」や「次の世紀に何か起こると思うか？」といった、「**ありえない状況や未来を想像する能力**」は、英検、TOEFLを始めとする検定試験で出題されるエッセイでも重要です。

② organizational skills（企画力）
どういう行動をどういう手順で行うか、誰に仕事を割り振るかなどを決定する能力です。例えば「あなたの街で何か変えられるとしたら何を変える？」や、「クラスでのパーティーを楽しくするのに必要なことと、それを実行する手順とは」といった、**process essay**（手順・方法の説明文）や、**problem solving**（解決策）を述べるエッセイで必要な能力です。

③ cause-effect analysis（因果関係分析）
大学準備レベルで必要な、「自分に起こったchallengingな経験が自分にどう影響を与えたか」といった何かの影響など因果関係の分析能力です。

④ comparative analysis（比較分析）
複数の物事について、様々な観点からその「類似点」と「相違点」を述べる能力で、比較対照エッセイに必要です。何か1つを選び出す問題（「成功に一番重要な要素は何か」など）でも、選ぶ過程で他のオプションと比較する必要があるので、この分析が必要となります。

⑤ descriptive analysis（描写分析）
物事の説明をするための分析能力で、次の3つに分かれます。
 1. factual description（**事実描写**：事件の描写［narrative topic］、利点・欠点［descriptive topic］）

2. emotional description（感情描写）
3. perceptual description
   （artistic sensitivityに関するもの：味覚・視覚・聴覚などの描写）

⑥ categorizing ［=categorization ability］（分類能力）
物事を分類する能力で、ほとんどのエッセイで必要となる能力です。理由や類似点・相違点を挙げる場合などに必要です。

⑦ philosophical analysis（哲学的分析）
大学生向けトピックで見られる、知性と教養に裏づけられた高度な分析。単なる実利的な利点や欠点だけでは論じることができず、書き手の価値観（教養・人生経験が必要なもの）が反映されるものです。例えば、**Wisdom is rightfully attributed not to people who know what to look for in life but to people who know what to ignore.** という文に関する論評などです。

⑧ rhetorical ability（修辞的能力）
persuasive ability（説得力：類推を始めとする説得のための言語能力）と、**literary ability**（小説家に必要とされる文学的能力。creative writing［創造的ライティング］やvivid description［生き生きした描写］などに必要となる能力）の2つがあります。

⑨ sensitivity（感性）
emotional（何らかの感情を表現する力）と**perceptual**（artistic sensitivityに関するもの）からなります。例えば、「お気に入りのものについて描写しなさい」という場合、見た目だけではなく、手触り、香りなどまで描写することが求められます。これは感じる能力です。

⑩ observational abilities（観察力）
周りの物事を観察してとらえる能力で、**daily awareness**（日常生活へ

の問題意識）と awareness of social phenomena（社会問題や共同社会などに関する問題意識）の2つがあります。

　さていかがでしたでしょうか。米国が国語教育を通して伸ばそうとしている能力とは、

1. 小中学：想像力・創造性
2. 小中高校：人を説得する能力と自分を売り込む力
3. イニシアティブが取れるリーダーの力
4. 大学準備レベル：人生経験を通して人生を深く考える力
5. 高校・大学：個人的経験と社会問題を関連づける力
6. 大学・GREレベル：哲学的思考能力

などで、これらの能力は「受信型」の日本の国語教育を受けてきた日本人学習者が苦手とするものですが、英語のスピーキングやライティングで非常に重要な要素です。そのトピックも日本の国語教育でよく課せられる読書感想文的トピックや、「〜について書きなさい」といった、あいまいな指示しか出さない作文トピックとは大きく異なります。

　しかし、一からやり直す覚悟で、英文スピーキング・ライティング練習を通してこれらを鍛える努力をしていけば、必ず道は開けてきます。頑張りましょう。Let's enjoy the process!

5 英語の発音・リズム・イントネーション最短距離習得法

さて、英語の発信力とは何かについて完全に理解していただけたところで、今度は具体的なトレーニング法をご紹介していきましょう。まずは音声面のトレーニングからです。

英語の発音で非常に重要であるにもかかわらず、英語の教育者でも案外知らないのは、「**英語の発音は伸ばして引く**」という原則です。私は英語学習者の発音チェックのときに、Japan [dʒəpǽn]を読ませることにしていますが、正しく読める人は少なく、多くの人がこの短い単語の中で次の4つのミスを犯して「ジャパン」とカタカナ読みをしがちです。

①Jの発音 [dʒ]
②Jaのaの発音 [ə]
③paのaの読み方 [ǽ]
④nの発音 [n]

①の [dʒ] は、age, rigid, gentleman, jetなどを発音するときに注意が必要なものです。paにアクセントがあり、②のa [ə]がアクセントのない部分なので、そこは「あいまい母音」で読みます。これはholidayのliの部分と同じで、カタカナで言えば「ホ<u>リ</u>デイ」よりも「ハ<u>ロ</u>デイ」に近い感じです。

次に③のpa [pǽ]の部分は「パーン」と伸ばします。そして④のn [n]の部分は「ヌ」に近い音声が入り、全体的には「ジュパーンヌ」に近い感じになります。この「**伸ばして引く**」の「引く」を忘れると、「ジャパーン」と伸びきってしまい英語の音声でなくなります。oneを発音する場合も、「ワーンヌ」のように伸ばしておいて、一気に引いて「ヌ」で終結します。ところが一般的に日本人は、one, man, question, conversationとnで終わっている単語の語尾がふわっと伸びきってしまい、「ヌ」の引きがありません。

この他、「これはでかい、びっくりしたな！」を英語で言うと、Oh, this is very big! I'm very surprised.となります。これをカタカナで表すと「オウ、ディスィズヴェーリービーッグ！　アイムヴェーリーサプラーイズドゥ」のように、長く母音を伸ばして最後に「引き」を入れます。surprisedは「サプラーイズ○」で伸ばしておいて、語尾は一気に引き、伸ばした部分の10分の1ぐらいのボリュームで発音します。Good!やBad!にしても、「グー○！」「バー○！」といった感じになるでしょう。これはbook, sound, oneでも同じことが言えます。

　また、英単語を発音するときは、**「母音のないところに母音を入れずに発音する」**ことが重要です。これも理屈ではわかっていてもほとんどの英語学習者が実践できていません。例えば、streetという語は「ストゥリートゥ」のように「ス」が聞こえてはいけません。「ス」と聞こえるということは「母音」が入っているということで、カタカナ表記はできませんが、「ストゥリートゥ」のように「ス」は息だけで素早く発音しなくてはなりません。

　try, drive, cryのような単語も同じで、トゥやドゥやクの「ウ」の母音が聞こえてはいけません。strategicも、スの音を素早く読むので「トォラティージック」のように聞こえます。こういった英語の「伸ばして引く」や「母音を引きずらない」発音を会得することが、音声面でのスピーキング・リスニング力UPにつながります。

　それから、アメリカ英語とイギリス英語とで発音が異なります。大きな違いの1つが、イギリス英語ではtの音もきっちりと発音されるのに対し、アメリカ英語では「**弱形**」を用いて、betterが「**ベラー**」、partyが「**パーリ**」、identityが「**アイデンニリ**」のように発音されることです。発信型のコミュニケーションという点では、世界中のより多くの人にわかりやすいイギリス英語のほうがいいのですが、受信力UPという意味では、世界的に多大な影響を与えているCNNニュースやディスカバリーチャンネル、ハリウッド英語に代表されるアメリカ英語に慣れて、「リスニング力」を数段UPさせるということも必要です。

また、英語は発音以外に英語の音声面での特徴として、「**イントネーション**」「**シンコペーション**」があります。例えば次の文を読んでみてください。

John has a book.

　イントネーションもつけずにカタカナ読みで「ジョンハズアブック」のように発音する人が多いのですが、英語はセンテンスの中の「**キーワードにストレスを置きイントネーションを上げる**」という原則があります。上の文の場合、キーワードはJohnとbookですね。その語にストレスを置き、上げ調子で読んで、次のhas aでは1オクターブ下げ、またbookで1オクターブ上げて読むと模範的な英語の読み方になります。英語らしい読み方をすれば、こんなに短い文の中でさえ高低がついてくるわけです。日本語は英語に比べると、音の高低が少ない単調な言語で、日本人はついつい英語も単調に読んだり話したりしてしまいがちですが、こういったストレスやイントネーションは英語では非常に重要で、それによってセンテンスの意味合いが変わってしまいます。
　例えば次の英文を見てみましょう。太字で示されるストレスの位置によって意味合いが変わってきます。

---

1. **I** love you.（本当に愛しているんだ［一般的］）
　I love you.（君を愛してるのは他ならぬ「僕」なのだ）
　I love **you**.（世界中で僕が愛しているのは「君」しかいない）

---

2. **I** want you to be here tomorrow morning.
   (他でもない「私」が頼んでいるのだぞ)
   I want **you** to be here tomorrow morning.
   (他の人ではダメなんだ、「君」でないと)
   I want you to **be** here tomorrow morning.
   (とにかく「ぜひ来てほしい」んだ)
   I want you to be **here** tomorrow morning.
   (「ここ」でないとダメなんだ)
   I want you to be here **tomorrow morning**.
   (「明日の朝」でないとダメなんだ)

　こういったストレスの位置による意味の違いは、疑問文の場合は次のように顕著に現れます。

3. **Why** have you done that?（なぜなのだ？［理由を聞く場合］）
   Why have **you** done that?（君だけにはそれをしてほしくなかった）
   Why have you **done** that?
   （そんなことをして、ただで済むと思っているのか！）
   Why have you done **that**?（それだけはやってほしくなかった）

　といった具合です。英語はこのように「**ストレス言語**」であるのに対して、棒読みしがちな日本語のコミュニケーションではストレスの使い分けが少ないので、よく訓練しておきましょう。
　ストレスと同様に重要なのが「**シンコペーション**」です。リズムには「表（強）」と「裏（弱）」があります。日本語はすべて「表」のリズムから始まるので、重たくべたべたしていますが、ジャズやラップミュージックに代表される英語のリズムは「裏」リズムから始まるので、実に軽快かつシャープです。例えば I love you. の I は「裏」、love you は「表」で読まれるので、「表リズム」に慣れている日本人には、弱く発音される I は聞き取りにくく

なります。次の場合もそうです。

① I've **taken** on her **style**. (彼女に染まった)
② Get around the **block**. (障害物をよけろ)
③ I've run up a **debt**. (借金がたまった)

①は表の「アイ○テイクンノンナスターイウ」の太字の部分だけがよく聞こえ、それ以外は聞き取りにくくなっています。②はblockが、③はdebtが大きく聞こえ、他が弱く発音されるために聞き取りにくくなります。リズムの「表」で母音が大きく聞こえるのが太字の部分で、それ以外は「裏」なので、「表リズム」に慣れた日本人の耳ではついていきにくくなっています。

また、強弱をつけた発音の中で全然発音されない音があるのも要注意です。例えばinkpotは**イン**○ポッの感じで発音し、kの音は「飲み込まれて」聞こえませんがリズムは残っているので、全く省いているというわけではありません。こういった英語の「シンコペーション」に慣れていないことが、日本人の英語の発音を不自然なものにし、かつヒアリング（音を聞き取ること）を不得意にしているのです。できる限りこれらを会得するように努めましょう。

それではリエゾン（音の連結）と弱形、リズム、イントネーションのトレーニングのために、次の英文を音読練習してみましょう。

英語のリズム＆イントネーションをマスター！①

(1) **Cut it out!**（やめてよ！）
カリラウー
Knock it off!（ノッキロー◯）とも言う。

(2) **Way to go!**（すごいね！）
ウェイルゴー

(3) **Hang in there!**（頑張って！）
ハンギンゼア

(4) I didn't **mean any harm!**（悪気はなかったんだ！）
アイディドゥンミーネニハーム

(5) **Count on it!**（期待して！）
カウンノニッ

(6) It **serves you right!**（自業自得よ！）
イッサーヴジューライ◯

(7) I **should have known better!**（うかつだった！）
アイシュダヴノウンベラ

(8) It's **too bad you didn't make it.**
（君が間に合わなかったのは残念だ）
イットゥーバーデュウディドゥンメイキッ◯

(9) **Get out of the way!**（どいてくれ！）
ゲラウロヴザウェイ

(10) Could I **have a word with you**？（少しお話しできますか？）
クダイハヴァワー◯ウィジュー

(11) I don't know **what he's up to.**（彼の腹の内がわからない）
アイドンノウワットゥヒーズアップトゥ

(12) You've **got to be kidding**!（冗談でしょ！）
ユガラビキディン

(13) He has **what it takes to** be a leader.
　　（彼にはリーダーの資質がある）
　　ヒーハズワリッ**テイクストゥ**ビーアリーダー
(14) I **won't let it happen** again!（二度としません！）
　　アイウォンレリッハプンナゲーイン
(15) I **got ripped off**.（ぼったくられた）
　　アイガッ◯リップトォー◯

いかがでしたか？　では、もうひとセット練習してみましょう。

英語のリズム＆イントネーションをマスター！②

(1) It's **not my fault**.（私のせいじゃない）
    イッツノッマイフォー
(2) **Suit yourself!**（勝手にしろ！）
    スーチュアセェル○
(3) It's **on me**.（私のおごりだよ）
    イッツオンミー
(4) **Shame on you!**（恥を知れ！）
    シェイモンニュー
(5) **Don't I know you**?
    （あなたに見覚えがあるような気がしますが？）
    ドンナイノウユー
(6) **What if** he doesn't **show up**?
    （もし彼が現れなかったらどうする？）
    ワリ○ヒーダズンショウアッ○
(7) I'm **tied up**.（手が離せないんだ）
    アイムタイダッ○
(8) I **can't get over him**.（彼を忘れられないの）
    アイキャーンゲローヴァリム
(9) **Don't pick on your** sister.（妹をいじめないで）
    ドンピッコンニュアスィスタ
(10) I **couldn't help it**.（仕方なかったんだよ）
    アイクドゥン○ヘルピイッ
(11) It's **getting out of hand**.（手に負えなくなってきた）
    イッツゲリンアウラハーン○
(12) I'll **make it up to** you.（埋め合わせをするよ）
    アイウメイキラップトゥユー

> (13) I'll **leave it up to** your imagination.（ご想像にお任せします）
> アイウリーヴィラップトゥヨー○マジネェイショ○
> (14) She **stood him up**.（彼女は彼とのデートをすっぽかした）
> シーストゥディムアッ○

　さていかがでしたか。これらはごく一部ですが、英語の「リエゾン」や「弱形」や「シンコペーション」の感覚は大体つかんでいただけたと思います。

　英語は中国語と違って発音の許容度が高く、中国語だと8割以上の精度で発音しないと通じないのに対して、英語では5割に満たない場合でも文脈がしっかりしていれば通じるストレス言語です。例えば、「サンキュウ」「ノープロブレム」は全くのカタカナ発音ですが、文脈が明確であれば通じます。よって、「発音」より「発声」に力を入れてトレーニングする必要があります。例えば、Hollywoodを「ハリウッド」とカタカナ読みしてもまず通じませんが、「ハ！リウー！」と腹から声を出してわめいたほうが通じる率は高くなります。

　しかし、自分の発音がまずいために言っていることがしばしば相手に伝わらないと自覚している場合は、ある程度発音を矯正するように努めましょう。

6 スピーキングが
ずば抜けてうまい人の勉強法

　「英語を話す機会がほとんどないのでスピーキング力が伸びない」とこぼす人が多いようですが、果たしてそう言いきれるでしょうか。確かに日常で使う英会話であれば、ネイティブスピーカーと毎日一緒に生活してずっと英語を使っているうち段々と慣れてくるので、その意味での英会話力を身につけたいのであれば毎日英語を話すのが一番効果的でしょう。私も昔、外国人女性と2年ぐらいつき合ったとき、色々な表現を使って反応を見ながら覚えていきました。

　しかしそれだけでは「描写力」や「意見論述力」をUPさせるのに不十分です。そこで、一緒に時間を過ごした後で、そのときにうまく言い表せなかった気持ちや状況や意見を文章にして渡したりしたものです。それは2、3枚のときから10枚のときもあり、最高で100枚近く書いたときはさすがに読んでもらえませんでしたが、自分の気持ちや意見を書くことによって飛躍的に表現力がUPしました。しかも非常に正確で語彙豊富な英語で話せるようになったわけです。

　また、「留学経験がないと、英語があまり伸びない、うまく話せるようにならない」と思い込んでいる人も多いかもしれませんが、留学しなくてもスピーキング力をUPさせることはできます。実際、私の英語指導歴33年の中でも、留学経験なしでスピーキングがずば抜けていた人が何人もいました。それは次のタイプです。

① 「音読の鬼」
　いつも朝から晩まで洋雑誌を音読していたため、下宿を5回も追い出された大学生。この人はTIMEのような英語を流暢に話すので、ネイティブは驚いていました。例えば「今週は忙しい」はI've been busy this week.ではなくThis week has been hectic.と言ったり、I'm a compulsive

movie-goer.（映画に目がないんだ）と言うなど、いつも英語が凝っていました。

②「NHKビジネス英語の鬼」

高校2年のときから、NHKラジオのビジネス英語講座のビニエットを聞いた後すべて80回シャドウイング＆音読していた大学生。体で様々な表現を覚えて、4年経ち英検1級にパスしたときには、普通の合格者と違って数段発信力が高く、ビジネス英語のように正確かつ凝った言い回しで話せるようになっていました。

③「ジャパンタイムズSTサマリーの鬼」

この人の場合、TIMEは読まずに「発信力UP」に徹しました。そのため、読んですぐにわかるジャパンタイムズSTを用いて、毎週各記事のサマリーを必ず口頭で行っていました。そして3年以上経ったときには、非常に正確でSTのように格調高い英語を、まるで日常会話をぺらぺら話すように話せるようになっていました。

④「ディクテーションの鬼」

私の授業3時間を毎回録音し、その英語の部分をすべてディクテーションして、表現をノートに書き留め、すべてをフォトグラフィックメモリーのように吸収し、運用語彙表現に変えた人。3年間経つと、ネイティブが脱帽するほど運用語彙表現力が高くなっていました。

以上の4つのタイプで紹介した人は全員、留学経験がないながらも大学時代に英検1級にパスしており、しかも、受信力UPに偏りがちな一般的な合格者と違って、かなり余力のある形で1級に合格しています。これらの例が示しているのは、スピーキングのレベルが高い人は皆、必ず「発信型の英語の勉強をしている」ということです。

ちなみに私の場合、思い起こせば、英語を始めた頃は「イディオムボーイ」の名がつくぐらいイディオムや比喩表現を連発し、時にはウケ、時

にひんしゅくを買う中で運用表現力をUPさせていきました。そして私がオープンした英語の塾（寺子屋）での初めての授業では、グループ別に5千語から1.5万語水準の類語の使い分けやイディオムの解説を1時間以上したぐらい、運用語彙力UPが好きでした。

　英語の勉強をするときは、必ずシャドウイングや音読やサマリー練習を通して、常に発信力や表現力UPを意識しながら行いましょう。そうすれば「英語の発信力」は加速的にUPしていきます。

7 スピーキング力UPのための
シャドウイング活用法

　さて、次に英語のスピーキング力UPに不可欠な「シャドウイング」のやり方について述べたいと思います。

　音読と同様に、英語のスピーキング力をUPさせ、英語の総合力をもUPさせるのに最も効果的な勉強法の1つが「**シャドウイング**」です。シャドウイングは**英語を聞きながら2、3語遅れで音声を真似して繰り返す**もので、これによってリスニング力とスピーキング力が同時に鍛えられる、非常に効率の良いトレーニングですが、音読スピードや「ヒアリング力（内容がわからなくても音が聞き取れる）」が悪いと最初はなかなか思うようにいきません。しかし、CNNニュースのシャドウイングができるぐらいのレベルになると、英語の総合力は加速的にUPしていきます。

　私の場合、本格的な英語の勉強を36年前に再開したとき、同時通訳養成学校に行って学んだ学習法で最も感動的であったシャドウイングを、バイリンガルのNHKニュースと民放のバイリンガルニュースを用いて1日50分（8000語）ぐらい3年間（600時間）ほど行ったあたりから、英語のリズム感が良くなってきました。

　そこで、このシャドウイングに関する基礎トレーニングについて段階的に述べていきましょう。

STEP 1

リスニング（listening）、つまり「**傾聴する**」こと。シャドウイングする教材を、テキストを見ずにじっくり聞き、内容、話し方の特徴などをざっとつかむ段階です。

STEP 2

マンブリング（mumbling）。きれいに発音しなくてもいいので、テキス

トを見ないで聞こえてくる音に精神を集中し、音声を聞きながらつぶやくように発音する段階です。

STEP 3

シンクロ(**synchro**)リーディング、つまり「音声に合わせてテキストを読む」段階。ここでしっかりテキストの意味を確認しておくことで、シャドウイングが楽になります。

STEP 4

プロソディ(**prosody**)シャドウイング。プロソディとは「**韻律(強勢と抑揚の型)**」を意味し、**音声に合わせて聞こえた通りに発声、ストレス、リズム、イントネーション、速さ、ポーズなどを再現**する段階です。英語のリズムがつかめるようになるとリスニング力が向上し、また話すスピードによって英語の音がどう変化するのかを学べるので、意味がわからなくても気にせずに音を中心に練習してください。

STEP 5

自分のプロソディシャドウイングを録音し、弱点を分析する段階。テキストと照らし合わせて自分の聞き取れていない部分を書き出します。それによって自分の英語の弱点が**音声聞き取り(ヒアリング)**なのかボキャブラリーなのか**文法**なのかがわかります。例えば、単語が聞き取れていない場合に、その理由が語彙力不足なのか、音の**連結(liaison)**や**短縮(reduction)**や**消失(elision)**なのかなどがわかります。

STEP 6

コンテンツ(**contents**)シャドウイングの段階。文法・ボキャブラリー分析も含めて、意味を理解し、その内容(contents)を第三者に伝えられるようにし、1回で無理であれば何度もシャドウイングを行います。そして、「**もとの音声から2、3語遅れ**」で行います。

STEP 7

最後の段階では、モデル音声なしで、リズムやイントネーションなど、テキストのプロソディ（韻律）を再現できるようになることを目指します。また、それを**レシテーション（recitation）**、つまり暗唱します。

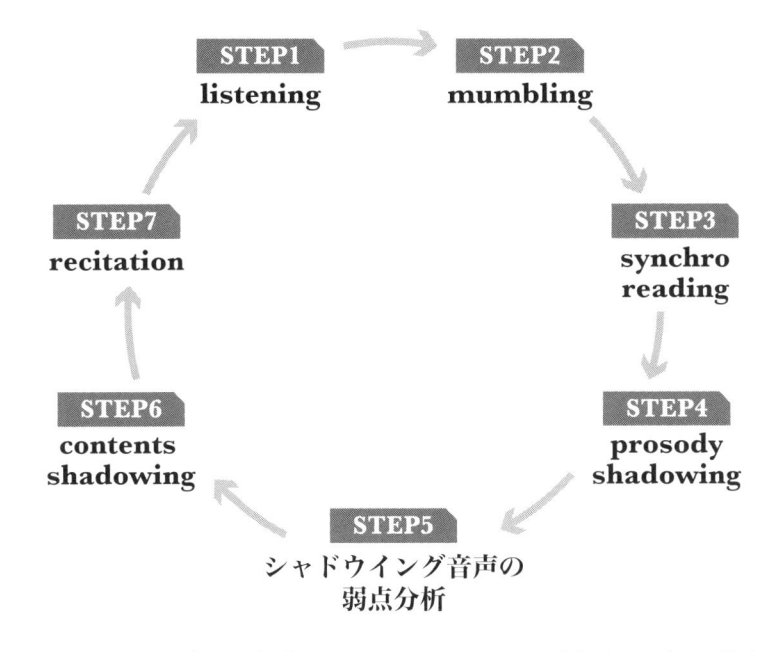

```
       STEP1    →    STEP2
     listening       mumbling

  STEP7                        STEP3
recitation                   synchro
                              reading

    STEP6                      STEP4
   contents                   prosody
  shadowing                  shadowing
              STEP5
          シャドウイング音声の
              弱点分析
```

　シャドウイングは、発音やイントネーションの矯正になり、集中力が高まり、語彙力がUPし、スピーキング力とリスニング力が同時にUPするので、勉強の能率が非常に良くなります。シャドウイングのトレーニングメニューとして、**NHKラジオ講座シリーズ**なら、自分の英語レベルに応じた内容を選べますし、英文をスクリプトで確認できるのでお薦めです。特に「**実践ビジネス英語**」がシャドウイングできれば、スピーキング力、語彙力、リスニング力と加速的にUPしていくでしょう。慣れてくれば、**CNNニュースやディスカバリーチャンネル**などにもチャレンジしてみてください。実践すれば英語があなたのお気に入りの音楽のように聞こえてくるので、ぜひシャドウイングを取り入れた英語学習を行いましょう。

8 背景知識力を高め、スピーキング力を10倍UP！

　背景知識は固有名詞や分野別専門語彙の知識とも関連しており、スピーキングやリスニングで極めて重要なファクターです。これが乏しいと、話すネタがないのでスピーキングが続きません。また相手の話す内容がピンとこなかったり、ついていけなかったりしてレスポンスができず、非常に困ります。そこで、スピーキングに必要な背景知識と効果的な背景知識力UP法について述べていきましょう。

　背景知識を学問分野別に大きく分類すると、物理学、化学、生物学、地質学、天文学などのような**自然科学**(the natural sciences)と、経済学、政治学、心理学、社会学などのような**社会科学**(the social sciences)、そして歴史学、哲学、文学のような**人文科学**(the human sciences / the humanities)の3つに分かれます。英語であれ日本語であれ、スピーキング力をUPさせるには、様々な話題に関する**背景知識**(subject-related knowledge)や**一般的知識**(general knowledge of the world)を増やす必要があります。レベルとしては、大学の専門課程の知識とまではいかなくても、高校の社会科や大学の一般教養のレベルの知識をしっかり身につけておきましょう。

　次に、英語の資格検定試験のスピーキングテストと背景知識との関係について見ていきましょう。まず**英検**は主に「**時事的なトピック**」で幅広い分野に渡っています。**IELTS**は「**日常的な体験からアート、レジャー、ビジネス、人生哲学など**」、**TOEFL iBT**は「**人生哲学、レジャー、文化、教育、キャンパス、ビジネス、心理学など**」と多岐に渡っています。そして、**TOEIC**は「**ビジネス**」が、国連検定は「**政治・国際関係**」が、通訳案内士試験は「**日本文化、観光案内**」などが中心となっています。

　そこで、**英検**対策には、普段からCNNニュースやディスカバリーチャンネルやNHKビジネス英語講座を聞き、**IELTS**や**TOEFL**対策にはディ

スカバリーチャンネルや後述する『Standard Deviants』などを聞きましょう。**TOEIC対策**には公式問題集の音読や、NHKビジネス英会話などのシャドウイング、**国連英検対策**には政治・国際関係のニュースの音読やシャドウイングがお薦めです。**通訳案内士対策**には、私の著書『英語で説明する日本の文化』『英語で説明する日本の観光名所100選』(語研) のような日本紹介をコンパクトにまとめた書籍を読んだり、CDを聞いたりして素養を養っておく必要があります。

さて、アカデミックなスピーキング力UPのための背景知識と言えば、重要なのは「世界情勢」に関する知識と問題意識です。**globalization**(グローバリゼーションの問題)や**North-South Issues**(南北問題)、**terrorism**(テロリズムの問題)、**sustainability**(地球環境と経済成長とのバランスの問題)などは特に重要な問題なので、常日頃からどうしたら世界を良くすることができるかを考えておく必要があります。また、**bioethics**(遺伝子工学や医療のあるべき姿)や**media ethics**(メディアのあるべき姿)などを始めとする**倫理的問題**についても、pros & cons(賛否両方の意見)の文献を読み、ディスカッションやディベートを通して問題意識を高めておく必要があります。

私の場合、英語学習の初期の段階でこの背景知識 (分野別語彙の知識を含む) の重要性に気づいたので、すべての学問分野をカバーした英語の簡易百科事典『Reader's Digest Library of Modern Knowledge』(約1400ページで1ページ約1200語) を音読しました。そこで取り上げられていない心霊学や占いなど疑似科学分野は洋書や洋雑誌でカバーし、多岐に渡る分野のドキュメンタリーや、住居、日曜大工、工芸、コンピュータ、ワイン、ワークアウト、格闘技を始めとする様々なハウツービデオやあらゆるジャンルの洋画を観ました。これによって英文献の速読が可能になり、リスニングが楽になったばかりか、スピーキング力、ライティング力が生まれ変わりました。時間的に難しい人は、米国の『**Standard Deviants**』(各分野1本約120分) がお薦めです。分野は、天文学、地質学、生物学、栄養学、物理学、化学、経済学、心理学、社会学、数学、政治学、パブリックスピーキングなど多岐に渡っており、非常に「エジュテイニン

グ」な内容なので飽きずに楽しめ、効率良く分野別知識を身につけることができます。スピーキング力・ライティング力などの発信力も同時UPさせるために、メモを取りながら聞いたり、シャドウイングをしながら観ればさらに効果的です。

　また、ビジュアルディクショナリーもお薦めで、『**Children's Illustrated Encyclopedia**』や『**Ultimate Visual Dictionary**』などは絵が多くて読みやすいです。ただし600ページぐらいあるので、これがきつい人は『The World Almanac for Kids』だと、350ページぐらいであらゆる分野の知識がカラーの図解と共に満載されているので非常に効果的です。

　世界情勢の知識を素早く身につけたい人は、『**The New York Times Almanac**』や、『The World in 20XX』（毎年年末に発売されるエコノミスト誌の特集号）や『TIME 100』（毎年TIME誌が4月に発売。その年に最も影響力のあった世界の100人を特集）などの年1回発行の特集号を読みましょう。『The New York Times Almanac』は情報が多すぎるので、重要な箇所を読むだけでいいですが、雑誌の特集号は読破できるボリュームです。

　とにかくスピーキング力UPのために英語で様々な知識を増やすことに努力の半分を注ぐぐらいの気持ちで臨みましょう。

9 ポイントを整理して 斬れる英語を話すトレーニング

　外国では、日本の伝統文化だけでなく、アニメのような現代文化に対しても関心が高まっています。ここでは「外国人によく聞かれるQ&A」の1つである「日本のバレンタインデー」を取り上げ、**ポイントをまとめて論理的に答える**ためのトレーニングをしてみましょう。日本のバレンタインデーをどう説明しますか？

> ①女性がチョコを贈る日（定義）　②いつから始まったか（起源）
> ③義理チョコ

解答には上の3つのポイントをカバーしてください。

> **Q: What is St. Valentine's Day in Japan like?**
> 「日本のバレンタインデーについて教えてください」

＜解答例＞

In Japan St. Valentine's day is ①<u>a day for women to give chocolates to men</u>. This custom ②<u>dates back to</u> ③<u>the 1950s</u>. Many women used to ④<u>express their love</u> to their boyfriends or ⑤<u>someone in mind</u> by giving them chocolates on that day. But in the 1970s, they started to give ⑥<u>"giri-choco"</u> or "friendship chocolate" to their ⑦<u>colleagues</u>, friends, and even to female friends. (64 words)

日本人ではバレンタインデーは①女性が男性にチョコレートを渡す日です。この習慣は③1950年代②にさかのぼります。当時、多くの女性はボーイフレンドや⑤意中の人にチョコレートを渡して、④自分の愛情を表現したもの

でした。ところが1970年代になると女性たちは、⑥義理チョコ（友チョコ）を⑦同僚、友人、女性の友達にまで渡すようになりました。

ここが発信のポイント！

①a day for women to give 〜「女性が〜を渡す日」：

いかがでしょうか。1番目のポイントは、for 人 to doです。「私は彼が現れるのを待つ」なら、I'm waiting for him to show up.、「それは私が日本文化を勉強するいい機会だった」ならIt was a good opportunity for me to study Japanese culture.となります。

②date back to 〜「〜にさかのぼる」：

2番目のポイントは、日本のことを何でも話すための最重要表現のTop 10に入る「〜にさかのぼる・由来する」です。「起源」を表す表現は多く、次のような**go back to 〜, date back to 〜, trace back to 〜, originate in [from]**〜などが重要です。

> ☐ The history of *Kodo* **goes back to** the Muromachi period.
> 　（香道の歴史は室町時代にさかのぼる）
> ☐ *Kendo* **dates back to** the time of the samurai warriors.
> 　（剣道は武士の時代にさかのぼる）
> ☐ The Japanese Tea Ceremony **traces back to** the early 1400s.
> 　（日本の茶道は1400年代初めにさかのぼる）
> ☐ Buddhism **originated in** India.（仏教はインドで生まれた）
> ☐ *Kabuki* **originated from** a play performed by Okuni, a female dancer.
> 　（歌舞伎はお国という女性ダンサーが演じた芝居が起源である）

③the 1950s「1950年代」：

「〜年代」を表現するには、**数字にsをつけ、the**を必ずつけましょう。ちなみに「**40代**」（年齢）なら**in his [her] forties**のようにone's（所有格）にす

る点に注意です。**the**は年代、**one's**は歳代と覚えてください。

④ **express their love [affection] to ～**「～へ愛情を表現する」：
expressは「言葉・表情・行動で気持ちを表現する」という意味ですから、チョコを渡して愛情を「表現する」場合はexpressがぴったりです。他に、display their love [feeling of love/affection] to ～がありますが、displayは「気持ちなどを主に行動で明示する」という意味でよく使います。

⑤ **someone in mind**「意中の人」：
Do you **have** ～ **in mind**? は便利な表現で、「住む場所決めてるの？」ならDo you **have** some place to live in **in mind**?、「買うもの決まってるの？」ならDo you **have** something to buy **in mind**? となります。What's **in your mind**? は「何を考えているの？」、一方What's **on your mind**? は「何が気がかりなの？」という意味で、どちらもよく使われます。

⑥ *"giri-choco"* or *"friendship chocolate"*「義理チョコ」：
「本命チョコ」は**chocolate you give to the guy you love**です。義理チョコが広まったのは、**製菓会社（confectionery companies）**のPR戦略のためと言われています。The custom of giving *"giri-choco"* started in the 1970s as part of sales promotion by the confectionary industry.（義理チョコを渡す習慣は、1970年代に、製菓業界による販売促進の一環で始まりました）のように表現することもできます。

⑦ **colleagues**「同僚」：
「同僚」を表す表現として、**colleagues**の他に**coworkers**や**business associates**があります。**colleagues**は「同じ職場（会社や組織）で働く人」のことを指し、**coworker**は「共に同じ仕事やプロジェクトで働く、自分と似通ったポジションの人」を指しますが、**business associates**は「会社内に限らず、共に仕事をするビジネスパートナーや多くの時間を共に過ごす親しい仕事仲間」を指し、使い分けが必要です。

10 ポイントが重複しないようにする　トレーニング

　ポイントを分類する上で気をつけるべき点の1つが、「ポイントのオーバーラップ」です。そこで「外国人によく聞かれるQ&A」の1つである、「日本人の握手にまつわる質問」を取り上げて、重要なポイントをオーバーラップすることなくまとめて論理的に答えるトレーニングをしてみましょう。次の問題の解答の英文を見て何か問題点が発見できますか。

> **Q:Why is a weak handshake preferred to a firm one in Japan?**
> 「日本人はなぜ、力の入らない弱々しい握手をするのですか?」

＜解答例＞
There are two main reasons. Firstly, handshaking culture is not indigenous to Japan. Many Japanese are not accustomed to shaking hands and are unaware that firm handshakes are preferred. Secondly, the Japanese don't have a physical contact, especially with those they have just met. Therefore, some Japanese might interpret a firm handshake as an aggressive behavior, fearing that it'll make others uncomfortable if their grip is too hard. (68 words)

＜解説＞
　この解答例の問題点は、2つの理由がオーバーラップしている点です。1つ目の理由の「shake hands する習慣がない」は、2つ目の理由「physical contact をしない」に含まれる内容です。この場合、「physical contact をしない」をメインの理由にして「shake hands する習慣がない」をサポートの1つにする方法も考えられますが、physical contact with ～と述べ

た場合、〜がどういう人々を指すのかもう少し明確にする必要があり、except close friends（spouse, boyfriend, girlfriendなど）やexcept people in business and politics などの例外を示さねばならず、説明が複雑になってしまいます。

　ポイントは、「内容があいまいで説明が複雑になる理由やサポートは避け、簡潔に説明できるものを使うこと」です。そのためこの場合は「握手の習慣がない」をメインの理由に持ってくるほうが説明しやすいでしょう。ちなみに、この解答例のbe indigenous toは少々堅いので、シンプルにhave no custom of 〜や be not customary with 人 to 〜などを使います。以上のことを踏まえて、モデルアンサーのように話せばずっとスッキリした説明になります。

＜解答例＞
Japanese people have no custom of shaking hands with other people except in business and politics. Many Japanese people don't know that firm handshakes are better than weak ones. Some Japanese may even interpret a firm handshake as an aggressive behavior, thinking that it will make the other person uncomfortable if their grip is too hard.（56 words）

11 日本文化紹介の画期的な
スピーキング力UP法とは！？

　外国人に日本のことを英語で説明できるようになるためには、彼らの関心の強い日本事象を英語で表現できるように練習しておく必要があります。ここでは、日本事象の1つである神社の「狛犬」を例に挙げて、日本文化を説明するためのテクニックをご紹介いたしましょう。

　まず狛犬とは何かを考えてみてください。神社の入り口で鎮座する石の犬の像ですね。**英語では、まずカテゴリーを決め、それを前と後ろからバランスを取りながら修飾語を加えて、特徴（形状・材料、目的など）を説明し**、全体の意味を明確にする必要があります。日本事象説明のための以下の公式をぜひ頭に入れておきましょう。

日本事象説明のためのテクニック

修飾表現 ＋ カテゴリー ＋ 修飾表現

　XXX　＋　　名詞　　＋　YYY

ではstep by stepで、狛犬の説明を一緒に作っていきましょう。

STEP 1 カテゴリーを決める！

　まず、中心に据えるカテゴリーを決めるところからスタートです。【狛犬】の場合は、当然、犬（dogs）が**カテゴリー**ですね。

STEP 2 修飾語①「特徴（材料・形状）」を述べる！（前と後ろに説明を追加）

　次に、上で決めたカテゴリーに、前後からバランス良く「修飾語」をつけて説明していきます。まず「材料・形状」の説明です。狛犬は「何ででき

ておりどんな形をしているか」を考えてみましょう。狛犬は、「石でできており」(**made of stone**) 後ろから修飾、必ず神社の入り口に左右一対 (**a pair of**) で置かれている前から修飾ので、

> **a pair of** dogs **made of stone**

と説明できます。stone dogsと言ってもOKですが、dogs **made of stone**のほうがわかりやすくなります。より正確には、狛犬は「石に彫られた一対の犬」なので、a pair of dogs **carved out of stone**とすればワンランクUPです。

STEP 3 修飾語②「目的」を述べる!（後ろに説明を追加）

次に、狛犬を置く「目的」を加えます。「魔除け」が目的なので、「災い(不幸や邪悪な力)から神社を守る」ことと考えて、不定詞を使う場合は後ろから修飾します。

> a pair of dogs made of stone **to protect a shrine from harm**

evil(邪悪、不幸)を使って、**to protect a shrine from evil**とできればさらに意味が強くなります。この「悪霊」はevilが最もよく使われますが、その他、**the evil**や**evil spirits**で言い換えることもできます。fromの代わりに**against**を使うと、悪霊に「対抗する」意味合いが強まります。またguard(ガードマンのguard)を使って、**to guard against evil**とも言えますし、「悪霊を追い払うため」の**to drive away evil**も定番の表現です。

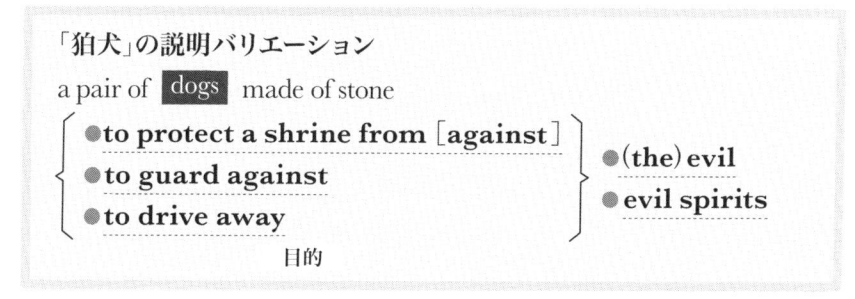

「狛犬」の説明バリエーション
a pair of dogs made of stone
- to protect a shrine from [against]
- to guard against
- to drive away

- (the) evil
- evil spirits

目的

いかがでしたか？　前のページで紹介したのは、**動詞中心の話し言葉的な言い方**でしたが、格調高い**形容詞中心の書き言葉**で言い換えてみるとどうなるでしょうか。**to ～** の部分を、**guardian**（[形] 守護する）とし、made of stone（石でできた）の部分を **stone-carved**（[形] 石で彫られた）にすると、**stone-carved guardian** dogsと引き締まった格調高いバージョンになります。まとめると次のようになります。

- 話し言葉的（動詞中心の修飾）
  dogs made of stone　to drive away evil
- 書き言葉的（形容詞中心の修飾）
  stone-carved　guardian dogs

そして、置かれる場所を追加するとさらにわかりやすくなります。

ワンランクUP!　「狛犬」の説明バリエーション
a pair of **stone-carved guardian dogs** at the Shinto shrine

それと日本事象を説明するときにもう1つ重要なのは、相手がまったく知らない1回目は長い説明訳（ロングバージョン）を使いますが、もうすでに相手が理解した2回目からは短い説明訳（ショートバージョン）を使う点です。「狛犬」についても、2回目以降は、**Shinto guardian dogs** や **stone guardian dogs** にします。

いかがでしたか？　このトレーニングで、近年、非常に注目されている「通訳案内士（通訳ガイド）」に必要なスピーキング力も鍛えることができます。また、私の著書『英語で説明する日本の文化』『英語で説明する日本の観光名所100選』『通訳案内士試験「英語一次・二次」直前対策』（語研）などを参照し、日本のことを自分の言葉で表現できるように練習しておきましょう。

12 発信力UP！ 5大資格試験のスピーキングテストはこれだ！

　ここでは、スピーキングやライティング力をUPさせたり、力試しをしたりするのに効果的な発信型5大試験を紹介しながら、それらの問題を用いたトレーニングを行いましょう。まずは以下の5大試験の比較表をご覧ください。

＜発信型5大試験のスピーキングテスト比較＞

	構成	時間	点数	形式
TOEFL iBT	Task 1～Task 6	約20分	0～30点	コンピュータ
IELTS	Part 1～Part 3	約11～14分	0～9.0（0.5刻みのバンドスコア）	対面式
TOEIC S&W	11問	約20分	0～200点（10点刻みで算出）	コンピュータ
英検1級	スピーチとQ&A	約10分	100点満点	対面式
通訳案内士試験	逐次通訳とプレゼンテーション	約10分		対面式

　TOEFL iBTのスピーキングは英米圏の大学（院）での授業を想定していることから、読んで聞いて話す技能が統合された問題を含む難易度の高いテストです。各質問に対しては45秒から60秒で解答するため流暢でなくてはならず、6つのTaskのうち4つのTaskでリスニングが必要なことから、**リスニング力の強化がスコアアップの鍵**を握ります。また、試験会場は多くの場合ブースで仕切られているだけなので、他の受験者の解答する声に気を取られる恐れがあり、より集中力が必要になります。

　IELTSのスピーキングは対面式テストで時間制限もないため、**場面に応じた適切な受け答えや自然なやり取り**が求められ、総合的なコミュニ

ケーション能力を測る試験です。質問を聞き逃したり、不明瞭に感じたりした場合は聞き返すことができる点もメリットです。しかし、問題への時間配分が決まっているので、ゆっくりしゃべるとやはり成績は悪くなります。

TOEIC S&WのスピーキングはTOEFL iBTの簡易バージョンとも言えるテストで背景知識も必要としないので、英検準1級以上の英語力があれば、少し練習すると比較的得点しやすいと言えます。しかし音読問題があり、30秒から60秒の時間制限があるので、発音の悪い人や英語を話すときにもたつく人は点数が伸び悩みます。また問題解決力を問う問題が出題されるので、とっさの判断力と経験がものを言います。

英検1級のスピーキングは、社会問題論評力をテストする検定試験です。時事問題に関する2分間スピーチをした後に聞かれる面接官の**質問をいかに論理的にさばくか**が試されます。時事・社会問題に関する豊富な知識とそれを表現する英語力が必要で、英検1級対策勉強を行うことで、知的なスピーキングへの道が開けます。

先ほど見た通訳案内士の資格試験である**通訳案内士試験**は、ホスピタリティあふれるキャラクターを前に出しながら、日本を短時間で紹介するスキルと知識が試されます。プレゼンテーションや質疑応答形式なので、そのための定番の表現やひな形を覚えることは試験合格だけでなく、スピーキング力UPに大いにつながります。

それでは続けて、ライティングテストについても見てまいりましょう。

13 発信力UP！4大資格試験の ライティングテストはこれだ！

　今度は、ライティングテストについても見ていきましょう。以下の発信型4大試験の比較表をご覧ください。

＜発信型4大試験のライティングテスト比較＞

	構成	時間・語数指定	点数	形式
TOEFL iBT	Integrated Task（統合型）と Independent Task（意見型）の2種類	●Integrated Task（20分）150〜225語 ●Independent Task（30分）300語以上	0〜30点	タイピング
IELTS	Task1（グラフ描写）とTask 2（意見）の2種類	合計で60分 ●Task 1 150語以上 ●Task 2 250語以上	0〜9.0（0.5刻みのバンドスコア）	手書き
TOEIC S&W	●写真描写問題5問 ●Eメール作成問題2問 ●意見を記述する問題1問	合計で約60分 ●写真描写問題（計8分）●Eメール作成問題（10分×2）●意見を記述する問題（30分）	0〜200点（10点刻みにより算出）	タイピング
英検1級	社会問題について、理由と共に意見をまとめるエッセイ形式	●単独の時間制限はないが、長くても30分以内で仕上げる必要がある ●200語以上	28点満点	手書き

　TOEFL iBTのライティングは、高校生レベルの語彙・表現でも構成と内容さえまとまっていれば高得点が取れます。また、リーディング力とリスニング力とライティングが同時に要求されるIntegrated Taskであるため、受信力と発信力を同時に高めるのに非常に効果的な試験です。

IELTSのライティングは、高度な表現や別の表現への言い換えが要求される、TOEFL iBTよりも採点基準が厳しいテストです。したがってIELTSの試験対策は語彙や表現力UPにつながります。
　TOEIC S&Wのライティングは、ビジネス向けの実践的な英語力を試す試験で、写真を描写する問題、Eメールを作成する問題、自分の意見を記述する問題などとっつきやすい内容と言えます。
　英検1級のライティングは、社会問題に関する自分のスタンスとその理由についてのエッセイを、イントロ・本論（ポイントは3つ）・結論の形式（全5段落）で200語以上書きます。この対策は、論理的なスピーキング力を高める上で非常に効果的です。

　TOEFL iBT、IELTS、TOEIC S&W、英検1級とそれぞれに一長一短があり、自分の目的・目標に合わせて受けることが望ましいでしょう。
　このような検定試験を受けることでスピーキングとライティングの力を伸ばすことは非常に効果的な方法なので、留学を目指す人だけでなく、英語の発信力UPを目指す人はぜひチャレンジしてみてください。
　それでは今度は、具体的にそれぞれのテストについて見ていきましょう。

14 英検1級の
スピーキング問題とは！？

　英検1級二次試験のスピーキング問題では、5つの社会問題トピックを与えられ、1分間の準備時間の後、2分間スピーチを行い、その後で面接官と数問Q&Aセッションをします。そこで、準備時間では15秒でトピック5つの中から1つを選び、残りの45秒でスピーチのポイントを2つないし3つ英語で考えておく必要があります。質疑応答に関しては、面接官の質問に対してポイントがそれることなく、的確に答えることが非常に重要です。

　二次試験の評価であるSection 1（30点）のShort Speechは、「与えられたトピックについて要点をまとめ、根拠をサポートし、首尾一貫したスピーチをする能力」が評価されるので、矛盾した、まとまりの悪い、わかりにくい話し方は最悪です。このことはSection 2（30点）のInteractionでのレスポンスでも同様です。また、Section 3（20点）の文法・語彙やSection 4（20点）の発音を含むすべてのセクションに言えることですが、メッセージのわかりやすさ（clarity）が重要視されており、語彙の選択が間違っていたり発音や発声が悪かったりすると意味がわかりにくくなるため、スコアが下がります。

　これは二次試験だけでなく、エッセイライティング問題についても言えることですが、高得点を取るための共通点は**logical thinking & problem-solving**（論理的思考力と問題解決力）の能力です。英語の**think**は「意見を持ち、根拠のある推論を行い、問題解決や意思決定のために頭を働かせる」という知的生産活動で、これが英検1級の社会問題に関する「英語の発信の要」となっています。

　そして重要なのは、常に**pros & cons**（**賛否両論**）、つまりメリットとデメリットの両面を考えることです。これはディベート思考の基本で、論理的発信力UPのためにこの能力を養う必要があります。これによって、

反論されても動揺したり感情的になったりせずにさばくことができるようになり、面接官の難問にも対応できるようになります。

　また、質問に対してはダイレクトかつ具体的に答え、ポイントとその説明で30〜40秒話すのが、聞き手にわかりやすい模範的な答え方になります。最悪なのは、ポイントを述べずに1分以上もだらだらと、その「周辺の状況説明」をすることで、そうなると「ポイントだけを言ってほしい」とか「私の質問に答えていない」という面接官からのそしりを免れません。**相手の質問に対して、的確にダイレクトに答えること**が大切なのです。

　こういったスピーキング能力をテストする英検1級の二次試験に合格できないタイプは、リスニングもアーギュメントも弱く、背景知識に欠け、話にまとまりがなく、ポイントがはっきりしない人です。逆に高得点で合格するタイプは、聞き上手で、アーギュメントのポイントは強く（make a strong case）、それをうまくサポートし、話がそれることなく引き締まった英語を話せる人です。

　また、こういったQ&Aやアーギュメントの展開に欠かせないのが、社会情勢に関する問題意識と、logical analysis（論理的分析）の能力です。自分の意見を英語ですぐに述べられるようになるには、日頃からTIMEや英字新聞、CNNニュースなどで情報のアンテナを広く張り巡らせて、かつ情報を入手した後は必ずそれを分析しコメントを述べる練習をしておくことです。

英検1級二次試験問題はこれだ！

では実際の二次試験の問題例を見ながら、スピーチの進め方や、面接官の質問への答え方を見てみましょう。

> **Does the benefit of the Internet outweigh its disadvantages?**
> （インターネットの利点はデメリットに勝るか？）

メディア分野で最重要の「インターネットの是非」を問う問題です。強いアーギュメントになるのはYesの立場のほうです。
(1) インターネットは情報の宝庫 (**a great source of information**) で、様々な種類の情報を瞬時にして見つけることができる　(2) インターネットは電子商取引やネット広告、SNSサービスなどを通じて世界中でビジネスの機会を広げる (**expand business opportunities in the world**) (3) インターネットは教育の機会を広げ、辺鄙な地域に住む人々も勉強できる。

デメリットとしてネット犯罪や、青少年への有害なサイト (**harmful websites for the adolescent**)、誤解を招くようなネット広告の3つを挙げ、総合評価としては「利点が勝る」とします。以下のスピーチの骨子をご覧ください。

> **サンプルスピーチ（骨子）**
>
> I believe that the benefit of the Internet outweighs its disadvantages for the following three reasons. Firstly, the Internet is a great source of information, which allows people to find any kind of information in a matter of second. Secondly, the Internet expands business opportunities in the world through e-commerce, online advertising and SNS services. Thirdly, thanks to the Internet, people living in remote areas can enjoy shopping, distance learning, and communication with people in other

> countries. Although some people point out disadvantages of the Internet such as cyber crime, harmful websites for the adolescent, and misleading online advertisements, I think that the benefits far outweigh these downsides.

試験官の反論のさばき方はこれだ！

　インターネットで多くの情報を得られるというメリットに対して「ネットの情報は怪しいものや信用できないもの (**dubious and unreliable**) も多いのでは」と反対尋問された場合はどう答えますか？　その場合は、Some information is not reliable. Therefore, people should not take it as a face value at first and exercise their critical thinking. It is important to go to several sites for cross reference so that you can identify misinformation.「確かにネットの情報は信用できないものもあるので、最初から全面的に信用するのではなく、論理的思考を働かせるべきだ」、そして「複数のサイトで情報を照合することが重要。これにより、間違った情報を見極めることができる」のように反論しましょう。

　その他の関連質問として、**What are effective countermeasures for increasing cyber crime?**（増加するネット犯罪への効果的な対策は何か）や、**What are the benefits of online shopping?**（オンラインショッピングの利点とは）、**Will the Internet harm interpersonal communication?**（インターネットは対人コミュニケーションを阻害するか）などがよく問われるものです。日頃から、こういった質問について考えておくことが必要です。

　さらに詳しく勉強を進めたい方は、私の著書『英検1級面接大特訓』（Jリサーチ出版）や『英語で経済・政治・社会を討論する技術と表現』（ベレ出版）をご覧ください。

15 英検2級・1級のライティング問題でスピーキング力UP！

　2020年に大学入試ではセンター試験が廃止され、それに取って代わる試験が導入されることが決定しました。そこでは英検2級のようなエッセイライティング問題が加わると言われています。また、英語力の国際基準である **CEFR**（セファール、p.290参照）との整合性をより高いものにするため、2016年に英検の問題形式の変更が行われるなど、より実用的な英語を意識した問題になっています。

　そういった入試制度改革も考慮して、英語のスピーキング力をUPする効果的な方法の1つとして考え出したのが、英検2級のエッセイライティングの問題を用いて英語の発信力をUPさせるというやり方です。2級では、社会問題に対してキーポイントが与えられ、それをもとに80〜100語の英文を書くライティング問題があります。準1級の150語、1級の200語と比べてほど良い長さで、論理的なショートコメントの練習をするのに良いわけです。それでは問題にチャレンジしてみてください。

● 英検2級エッセイライティング問題はこれだ！

- 以下のTOPICについて、あなたの意見とその理由を2つ書きなさい。
- POINTSは理由を書く際の参考となる観点を示したものです。ただし、これら以外の観点から理由を書いてもかまいません。
- 語数の目安は80語〜100語です。

TOPIC

These days, some people buy things on the Internet. Do you think

> more people will do so in the future?
>
> **POINTS**
> ☐ Price   ☐ Safety   ☐ Technology
>
> （日本英語検定協会ウェブサイトより）

いかがですか。簡単そうですか？　80〜100語ですので、英検1級なら二次試験の質疑応答の長さに近くなりますね。では次の答えを見てください。問題点がわかりますか？

＜解答例＞

No, I don't think that more people will do so in the future for the following two reasons.

Firstly, the Internet is very dangerous. For example, even if you buy something on the Internet and pay for it, it may not arrive at your house.

Secondly, you can't try it on. For example, if you find an expensive jacket on the Internet, and decide to buy it, but when it arrives at your house and you try it on, it doesn't suit you.

For these reasons, I don't think more people will buy things on the Internet in the future.（100 words）

　上の文はNoのスタンスです。まず、for the following two reasons「2つ理由がある」は良い表現ですが、これが言える日本人は多くはいません。次に1つ目の理由ですが、インターネットショッピングが増えない理由として、「インターネットは危険で、注文しても家に届かない」というアーギュメントです。dangerousという語の選びは、人が命を落とすというような意味になるので、ここではthe Internet is riskyとしておきましょう。2つ目の理由はyou can't try it on（それ［＝服］を試着できない）というのがポイントになっています。it doesn't suit youはfact（事実）を表す文になって

いるので、it may not suit youとしておきましょう。結論部分の冒頭のFor these reasonsは、For these two reasonsとしたほうがベターでしょう。

　ここで、考えてみましょう。1つ目は「インターネットショッピングは危険」、2つ目は「ネット注文は服が試着できない」というアーギュメントですが、皆さんいかがでしょうか？　これは、受験者の多くが非常に犯しやすい間違いです。どこがおかしいかおわかりでしょうか？　述べられている理由は2つでなく1つだけです。つまり「危険、リスキー」という1点のみの理由になっているのです。「商品が届かない」「試着できない」というのはまとめると「危険、リスキー」の例証を挙げているだけに過ぎません。ぜひ「ポイントを述べてそれをサポートする訓練」をしておきましょう。そうでないと、2つも3つも理由を挙げたものの、実は同じ理由でオーバーラップしているということになりかねません。

　では、今度はYesのスタンスで考えてみます。次の2つのポイントで話を進めるとしましょう。

Pro Points
① The Internet shopping has more choices than shopping at ordinary stores.
② Buying something on the Internet is cheaper than buying things outside.

　この2つのポイントはいかがですか？　これも、英検準1級・1級に合格する人でさえも間違いやすい理由づけのミスです。設問は「インターネットショッピングが将来増えるかどうか」ということを論点にしているので、①「インターネットショッピングが普通のショップと比べて選択肢が多いという現状比較」は理由になりません。「ネットショップの選択肢が将来増えていくから」という理由ならばOKです。②も「outside（外？）で買うより安くなる」は不可で、「将来、technological development（科学技術の発展）などで、コンピュータで買うことが安くなる」というよう

にしなければなりません。

それではYesとNoの模範解答例を挙げておきましょう。

<解答例 [**Yes**の意見] >

I think that more people will buy things on the Internet in the future for two reasons.

Firstly, people who use the Internet are increasing in number. Under the circumstances, it is quite natural that more people will do shopping on the Internet because of its great convenience.

Secondly, in superaging society, an increasing number of physically weak elderly people will buy things on the Internet rather than take the trouble to go shopping at ordinary stores.

For these two reasons, online shopping will increase in the future. (88 words)

<解答例 [**No**の意見] >

I don't think that more people will buy things on the Internet in the future for two reasons.

Firstly, it is risky to buy things on the Internet. Some dishonest sellers may cheat online shoppers out of their money. Therefore, many people will continue to buy things at ordinary stores.

Secondly, most people want to enjoy window-shopping. Window-shopping is one of the greatest pleasures in our daily life.

For these two reasons, I don't think that online shopping will increase in the future. (83 words)

いかがでしたでしょうか。常識的に考えて「否定側」のアーギュメントは弱いでしょう。つまり肯定側で述べたbenefitsのほうが、否定側で述べたdisadvantagesよりも多く、インターネット利用者の数が増えている現状からも、「肯定側」の意見のほうが強くなるわけです。

●英検1級エッセイライティング問題はこれだ！

　社会問題のトピックについて要点と根拠を述べ、論理的なスピーチをする能力が評価される英検1級二次試験は、エッセイライティングと同様のトピックから出題されますが、両者の違いはそれを口頭でするか文章でするかです。そこで両方に重要なトピックである「テロリズム」を題材に、発信力UPのポイントを述べていきましょう。

> **TOPIC**
>
> Agree or disagree: International terrorism can be eradicated.

　いかがですか？　世界情勢の知識が必要なやや難しめのトピックですが、普段から世界情勢にアンテナを張っている人なら、反論のほうがしやすいことがわかるでしょう。
　まずイントロでは、テロの深刻な現状を述べてから、世界を震撼させた同時多発テロのことを述べるのがいいでしょう。時間がない場合はひな形を使って、次のようにします。

　Nowadays terrorism is one of the most serious problems in the world. Especially since the September 11 attacks there have been public discussions about how to deal with international terrorism.

　（時間が余ってドラマチックにするなら、Especially the September 11 multiple terrorist attacks **sent a shockwave throughout the world**（世界を震撼させた）, **igniting a storm of controversy** over international terrorism（論争の嵐を引き起こした）［or generating serious concern about international terrorism］.）そしてPersonally, I believe that international terrorism cannot be eradicated for the following three reasons. とイントロをまとめて、少し唐突ですが字数制限のためボディに移ります。

　第1のポイントとして、「**紛争の歴史とテロとの関連性**」について述べます。

Firstly, there is a long history of religious, ideological, and territorial conflicts that can lead to terrorism in many parts of the world. For example, **deep-seated animosity**（根強い敵対意識）between Arab and Israel as well as the Arab world and Western countries sometimes cause **extremist groups**（過激派）to commit terrorist acts.

２つ目のポイントとして、「**貧困とテロとの関連性**」について述べます。

Secondly, economic inequality or poverty, which is **a breeding ground for terrorism**（テロの温床）, has been widening with increasing globalization. People in dire poverty, desperate for survival and jealous of wealth in Western countries, **resort to terrorism to vent their resentment against their poverty and huge income disparities**（テロに訴えて貧困や所得格差への怒りをぶちまける）.

３つ目のポイントとして、「**テロへの軍事活動の無益さ**」について述べます。

Thirdly, military actions against terrorism can cause **an endless vicious circle of violence and resentment**（暴力と怒りの絶え間ない悪循環）. The Bush administration's war on terrorism, for example, caused terrorist's resentment against the US without eradicating international terrorism.

そして結論では（スピーチでは特に）各ポイントを句でまとめて完成です。

In conclusion, for the above-mentioned three reasons, **historical background of religious and territorial conflicts, increasing economic inequality, futility of military actions despite their huge costs**, it is extremely difficult to eradicate international terrorism.

いかがでしたでしょうか。これをライティングレベルで発信できれば上級者、スピーキングのレベルで発信できれば英語の達人と言えます。このように、スピーキングとライティングのトレーニングは上級レベルでは関連し合っているわけです。

16 スピーキング力の指標、TOEFL iBTのスピーキング問題とは!?

　TOEFL iBTのスピーキングセクションの問題は、6つのTaskからなり、スピーキング力だけでなく、リーディングとリスニングの力も必要とされる、チャレンジングな「統合型」の試験となっています。身近な話題から、大学のレクチャーを聞いてそれに関連する内容に答える問題まで幅広く出題され、英語力以外に「**背景知識**」や「**メモ取り能力**」、そして情報を瞬時に「**判断し分析する能力**」が求められる素晴らしいテストです。6つの課題がそれぞれ0～4で評点され、その合計が0～30のスコアに変換されます。ではここで、その5段階評価の基準を見てみましょう。

○ TOEFL iBTスピーキングの評価はこれだ!

	General Description (総合評価)	Delivery (話し方)	Language Use (語法)	Topic Development (論理的展開)
4点	若干のミスはあるが、論理に一貫性があって非常にわかりやすい。	若干の発音やイントネーションのミスはあるが、流暢でスピードにむらがなく全体的にわかりやすい。	若干のミスはあるが、全体的に文法も語彙も適切に使っており、構文も幼稚ではない。	トピックに沿って論理に一貫性がある。
3点	表現ミスもあるが、大体わかり、まあまあ流暢である。	時々、聞き手が理解するのに苦労することがあるが、大体わかる。	文法・語法ミスがあり、構文もやや幼稚であるが意味は大体わかる。	大体、論理に一貫性があるが、具体例に欠ける。
2点	論理の展開が悪く、話し方が悪く、意味不明の箇所がある。	発音、イントネーション、リズムが不明瞭で聞き取りに苦労する。	文法・語法ミスも多く、構文も幼稚で、接続も悪い。	理由などのポイントが少なく、サポートも乏しく、わかりにくい。
1点	短くて、しかもほとんどわからない。	ほとんどわからない、途切れ途切れの話し方。	文法・語法はさっぱり。	単にくだらない理屈を繰り返しているだけ。
0点	無言か、質問と全く関係ないことを言う。			

◉ TOEFL iBTスピーキング Task 1 の問題はこれだ！

　Task 1 は、「**尊敬する人物、趣味、行きたい国、大切な場所**」など身近なトピックに対して自分の意見を述べる問題です。15秒の準備時間の後、45秒以内で80〜90語話さなければならないきつい問題ですが、これこそまさに「パーソナルトピックのスピーキングの真髄」と言えるので、ぜひチャレンジしていただきたいものです。中でも特に重要なのが、先生、親、歴史上の人物、友人、同僚、上司、隣人、旅で出会った人など「**人物**」に関するもので、すべてをポジティブなものにしてパターンを統一しておけば非常に楽に述べることができます。例えば、次の問題を見てください。

> Describe the person you respect (most) / the person who had the most profound influence on your life. Explain why you respect him or her. Include specific reasons and details in your response.
> （最も尊敬する人物、あるいは人生で最も影響を受けた人物について描写し、なぜ尊敬するのかを説明してください）

　この問題の場合、人物のポジティブな特徴を2点選んで「名詞・形容詞で概念化」し、後はそれを裏づける例（行動など）を述べます。まず、模範解答を見ていただきましょう。

＜解答例＞
The person I respect most is XX for several reasons.（ここで「2つの理由」とするとそれだけしか理由がないことになってしまいますので、**mainly for two reasons [for two main reasons]** とすればいいでしょう）**The biggest reason is that** he/she is one of the most charismatic political leaders in the world history. His/Her eloquent speech always inspires people around the world and gives them hope for the future. **Another reason is that** he/she is a person of wisdom and vision. He/She is keenly aware of social problems and always makes sensible

decisions. He/She also always understands what is likely to happen in the future and makes wise plans for the future with great imagination and intelligence.（93 words）

　45秒にこれだけの量、つまり93語をこれほど正確に話せれば（1分間に124語）楽に満点が取れます。無理であれば、80語でも正確に話せれば満点を取ることができます。しかし、ポイントのサポートを述べる途中で切れたり、理由が1つしか言えなかったりすると、得点がかなりマイナスになります。身近なトピックとはいえ、論理的にまとめるには、それなりのトレーニングが必要です。練習を積むことで、スピーキング力が数段UPすることは間違いないでしょう。

●「人物描写」スピーキング力UP表現集

次のような英語がビシッと決まれば、あなたのスピーキングが知的に生まれ変わります。スピーキングテストにおいて楽に満点が取れるので、使いこなせるようになりましょう。

●「知性系」人物を語るキーワードはこれだ！

「英知」**wisdom**　「判断力」**judgment**　「先見の明」**foresight**

「ビジョン」**vision**［=the ability to think about or plan the future with great imagination and intelligence］

「問題解決力」**resourcefulness**［=being good at finding ways of dealing with problems］

「独創性」**ingenuity**［=the ability to invent things and solve problems in clever new ways］

これらの語を用いて、**XX has [had] wisdom, awareness of social problems and a strong sense of mission.** や、**XX is [was] a person of wisdom and foresight.** のように言えます。

●「パワー・根性系」人物を語るキーワードはこれだ！

「根性」**perseverance**［=determination to keep trying to achieve something in spite of difficulties］

「克己心が強い」**have (strong) self-discipline**

「向上心が強い」**have great aspiration**［=a strong desire to achieve something great, even if it's difficult］

「ダイナミック」**dynamic**［=full of energy and new ideas, and determined to succeed］

89

これらの語を用いて、**XX is a person of courage, perseverance and self-discipline. XX has a dynamic personality and an enterprising spirit.** のように言うことができます。

● 「優しさ・包容力系」人物を語るキーワードはこれだ！

「同情心に富む」**compassionate**［=showing sympathy and understanding for people who are suffering］
「寛大な」**understanding**［=sympathizing with other people's problems and forgiving them when they do something wrong］
「包容力がある」**open-minded**［=willing to listen to and consider other peoples' ideas and suggestions］

これらの語を用いて、**XX is very compassionate. XX is very understanding and open-minded.** のように言うことができます。

● 「リーダー系」人物を語るキーワードはこれだ！

「リーダーの器」**have leadership qualities**［=what it takes to be a leader］
「根っからのリーダー」**a born leader**［**educator**］、**a charismatic leader**
「人を奮い立たせる」**inspiring**［=exciting and makes you feel strongly interested and enthusiastic］

これらの語を用いて、**XX is a charismatic leader who inspires people around him. XX is a person of character whose courage and honesty attract a lot of people.** のように言うことができます。

●TOEFL iBTスピーキング Task 2の問題はこれだ！

　Task 2はあるトピックに関して**どちらかの立場を選び、自身の意見を述べる問題**です。Task 1同様に準備時間は15秒、解答時間は45秒以内で、まさしくcritical thinking力を試す問題です。
　Task 2には次のような3種類の問題パターンがあります。

> **1. Which <would/do> you <prefer/choose>型**
> ➡どちらが好ましいかを述べる主観的な問題。
> **2. Which do you think is better 型**
> ➡好みではなく、客観的にどちらがbetterかを述べる問題。
> **3. Do you agree or disagree 型**
> ➡賛否を述べる形式で、1同様に個人的な意見を述べる問題。

＜例題＞

> Some student do part-time job in order to pay tuition fees and expenses. Other students choose to take out a student loan so that they can devote all time and energies to their campus life. Which do you think is better and why?

　「授業料を稼ぐためにバイトをするべきか、キャンパスライフに全時間とエネルギーを注ぐために学生ローンを借りるべきか」を問う問題です。高得点を狙うには、自身の立場を明確にし、その理由と強いサポート（具体例）を論理的に述べる必要があります。

＜解答例＞（前者を選んだ場合）
I think that doing part-time jobs is better for two reasons. Firstly, there is no guarantee that all students will be able to pay off a loan. If they cannot land a financially stable job after graduating from university, they will

be burdened with a huge debt. Secondly, part-time work experience can develop their economic independence. Through this experience, they will learn the importance of job responsibilities and the difficulty of making money before they enter the real world. (79 words)

◉ TOEFL iBTスピーキング Task 3の問題はこれだ！

　Task 3はキャンパス内での出来事に関する問題です。Task 1, Task 2とは異なり、リーディングとリスニングの力も要求され、総合的な力が必要となります。さらに、解答時間はTask 1, 2の45秒に比べてTask 3では60秒に増え、難易度も高くなります（準備時間は30秒）。

　まずは45～50秒間で以下のようなパッセージを読みます（リーディング）。

＜例題＞

> **Relocation of campus childcare center**
> Starting in the next academic year, the campus childcare center will be relocated to the newly-renovated building W3A. This decision has been made because more space is needed for an increasing number of parents who are currently on a waiting list. Fully equipped with highly advanced educational toys and learning materials in structured classrooms, the new building will have a variety of outdoor play facilities such as two big play spaces, a jungle gym, and outdoor building blocks, thereby promoting children's learning and development.

　次に、この「キャンパスの移転」に関する意見を述べた会話を聞きます（リスニング）。会話が終わると、そこで述べられた意見と理由を問う次のような指示文が流れます。

> The woman expresses her opinion about the plan described in the article. State her opinion about the plan and explain the reasons she gives for holding that opinion.

　つまり、リーディングの内容を把握し、そして会話の内容を正確に聞き取って解答することが求められる統合型の問題です。これに似たTask

5では、キャンパス内の問題についての会話を聞き、提示された問題の2つの「**解決策**」のどちらかを選び、**その選択の理由**を述べます。Task 3と違って、最初のリーディングがない点と、自身の意見を述べなくてはならない点から、「問題解決型」の実践的な問題と言えます（準備時間は20秒、解答時間は60秒以内）。

●TOEFL iBTスピーキングTask 4の問題はこれだ！

　Task 4は、パッセージを読み、それに関連したレクチャーを聞き、要点をまとめて発言する力が求められる統合型の問題です。Task 3との違いは、リーディング・リスニング共にアカデミックな内容であることで、難易度もより高くなります。

　次のような英文を45〜50秒で読んだ後、レクチャーを聞いて、Task 3同様に準備時間30秒、解答時間60秒以内で解答します。

＜例題＞

> **Circadian rhythm**
>
> A circadian rhythm is a biological rhythm that has been widely observed in many organisms including plants and animals. The rhythm has an endogenous (built-in) free-running period and persists with a period of about 24 hours in constant conditions such as in constant darkness. In diurnal animals the free running period is slightly greater than 24 hours, whereas in nocturnal animals, it is slightly shorter than 24 hours. The rhythm can be reset by exposure to external stimuli, or environmental cues, within the main cue being the light-dark cycle.

そしてこのパッセージに関連したレクチャーを聞きます。
次に、以下のような指示文が流れます。

> Explain how the examples from the professor's lecture illustrate the relationship between the circadian rhythm and the light-dark cycle.

　リーディングの内容を把握し、そしてレクチャーの内容を正確に聞き取って解答することが求められる統合型の問題です。
　Task 6は、リーディングがない点以外はTask 4と同じ形式です。アカ

デミックなレクチャーを聞いて質問に答える形式（準備時間は20秒、解答時間は60秒以内）で、レクチャー内容は教育・心理・歴史・地質学など幅広い分野から出題されます。

　このように、TOEFL iBTのスピーキング問題は、身の回りの話題からアカデミックな内容まで、読んだり、聞いたりしながら、自分の意見を論理的に発信するという素晴らしい試験です。ぜひ、トレーニングを積んで、スピーキング力UPに活用してください。さらにTOEFL iBTについて学びたい方は、私の著書『TOEFL iBTテスト　スコアアップ大特訓』（アスク出版）、『TOEFL iBT TESTスピーキング＋ライティング完全攻略』（明日香出版社）をお読みください。

17 TOEFL iBTの
ライティング問題とは！？

　TOEFL iBTのライティングセクションの問題は、**Integrated**（リーディング、リスニングが統合されたサマリー型問題）と **Independent**（自分の意見を述べるライティング）の2種類で構成されています。Integrated型は、画面のリーディングパッセージを3分以内に読み、関連したレクチャーを聞き（通常教授はパッセージに書かれている内容とは異なる見解を述べる）、それらについて要約する問題です。制限時間は20分、語数指定は150〜225語となっています。プレゼンを聞いてポイントを理解し、それを人に伝える能力をテストする問題で、これも実践的なスキルを評価し、鍛えるものです。

　これに対して、Independent型問題は、制限時間は30分、指定語数は300語以上の、与えられたトピックについて自分の意見を述べる問題です。トピックは、下記のように「**環境、教育、健康、仕事、人生哲学**」など多岐に渡りますが、専門的な知識を問われることはありませんので、アイディアさえ思い浮かべば比較的取り組みやすい問題と言えるでしょう。例えば、次のような問題です。

Q1. Do you agree or disagree with the following statement?
The salary is the most important aspect in choosing a job.
（給料が職業の選択で最も重要か？）

Q2. Technology allows food to be produced in greater quantities at lower prices. Do you think this is a positive development?
（技術によって可能になった安価な食料の大量生産はいいことか？）

　いかがでしたか？　TOEFL iBTのライティングも、スピーキングと同様に、発信力を鍛えるための素晴らしい試験です。ぜひ活用してください。

18 スピーキング力の指標、IELTSのスピーキング問題とは!?

　IELTSのスピーキングセクションの問題は、自己紹介を含めた身近な話題の日常会話からスピーチ、社会問題のディスカッション能力まで求められます。また、状況や質問に応じて自然で適切なやり取りが求められることから、高いコミュニケーション能力も必要になります。
　スピーキングセクションは以下の3つのパートで構成されています。

> **Part 1. Interview**：身近なトピックに関する質問に答える。
> **Part 2. Speech**：身近な話題に関して2分以内でスピーチをする。
> **Part 3. Discussion**：Part 2のSpeechのトピックに関連した質問を中心に、アカデミック・ディスカッションを行う。

　特に、Part 3は、あらゆる社会問題に関して、掘り下げた質問に答える必要があるため、幅広い知識と教養が求められる良い問題です。その評価基準は次の通りです。

基準	詳細	割合
Fluency and Coherence （流暢さと発言内容の一貫性）	よどみなく話せており、相手に意味が正確に伝わっているか。発言内容が首尾一貫しているか。	25%
Lexical Resource （語彙力）	高い語彙力を有し、場面に応じて語彙や表現を正確かつ適切に運用できているか。	25%
Grammatical Range and Accuracy （文法の運用力と正確性）	幅広い文法項目を適切かつ正確に使えているか。	25%
Pronunciation（発音）	明瞭かつ正確に発音できているか。また抑揚やリズムが自然であるか。	25%

　IELTSは、ブリティッシュ・カウンシルとケンブリッジ大学英語検定機構（イギリス）が運営しています。そのためplain Englishも良しとする

アメリカのTOEFLと違って、語彙や構文の洗練さが重視されるので、スコアが伸び悩んでいる帰国・留学組も多く見られます。

◎ IELTSスピーキング Part 1の問題はこれだ！

Part 1は身近な話題に関する簡単な質問がいくつか問われます。主なトピックは、仕事やホームタウン、趣味、住居、休日の過ごし方などです。Part 1は「**日常会話力**」を測るパートであることから、解答はできるだけシンプルに心がけることが大切です。

以下のサンプル問題をご覧ください。

Q1: What is your city [town] like?

A: My town is Kyoto. It's a world-famous tourist destination in Japan. This town attracts millions of visitors every year.

　Q1：あなたの住んでいる市［町］はどんなところですか。

　A：私の住んでいる町は京都です。世界的に有名な日本の観光地で、毎年何百万人もの観光客が訪れます。

Q2: What's interesting about your town?

A: Well, one of the most interesting aspects of Kyoto is that it has a large number of historic spots with rich cultural traditions. Some of them are designated as world cultural heritage sites.

　Q2：あなたの住んでいる町の興味深い点はどんなところですか。

　A：最も興味深い面の1つは、豊かな文化的な伝統を誇る史跡が数多くあるということです。いくつかは世界文化遺産に登録されています。

Q3: Do you think your town has changed in recent years?

A: Yes, it has changed a lot for the last several years especially in the downtown area. There used to be very few leisure facilities, but now there

> are lots of fitness clubs, swimming pools, and tennis courts in my town.
> Q3：あなたの住んでいる町は近年変わったと思いますか。
> A：はい、特に中心地がここ数年で大きく変わったと思います。以前はレジャー設備がほとんどなかったのですが、現在ではフィットネスクラブやスイミングプール、テニスコートのようなレジャー施設がたくさんあります。

深く話しすぎずシンプルに回答しているのがつかめましたか？

● IELTSスピーキング Part 2の問題はこれだ！

Part 2では、カードを手渡され、そこに書かれたトピックと関連項目を参考にしながら、2分以内でスピーチを行います。話し始める前に1分間の準備時間が与えられます。

それではサンプル問題を見てみましょう。

> **Describe an important choice or decision you made in your life.**
> （人生で行った最も重要や選択や決定とは何か）
> You should say:
> — what it was
> — when you made it
> — how it affected your life later
> and explain why it was important to you.

日常生活に関連したシンプルな問題もありますが、この問題のように人生に関する問題もあります。スピーチを行うことに慣れていないと、2分間話し続けることは難しいので、ある程度のトレーニングが必要でチャレンジングなパートと言えます。

IELTSスピーキング Part 3の問題はこれだ！

　Part 3は、Part 2のトピックに関連した内容について、ディスカッションを行うパートです。社会問題や時事問題などに関する内容も問われるため、英語力だけでなく、深い知識や洞察力が求められます。例えばPart 2が「好きなテレビ番組について」というスピーチのトピックであれば、Part 3では、「テレビにはどのような功罪があるか」「子どもがテレビを観ることに賛成か反対か」といった内容の意見が求められます。

　それでは問題を見てみましょう。Topicは「仕事」です。

Q1. Why do you think people work?

Q2. What is the most important thing when you choose a job?

Q3. Which do you prefer, working individually or in a group? And why?

Q4. What skill or ability do you think is important to succeed in business?

Q5. Some people say that changing jobs is better than working in the same company until they retire. What is your opinion?

　いかがでしょうか。Part 1とは異なり、少し深い内容が問われていることがおわかりいただけると思います。Part 3でハイスコアを取るためには、普段から社会問題や人生哲学を深く考え、それらを英語で表現する能力を高めておくことが重要です。

19 IELTSのライティング問題とは!?

IELTSのライティングセクションは、Task 1とTask 2の2つからなります。制限時間は60分です。

Task	内容	指定語数	時間配分（目安）	配点
Task 1	図やグラフ、表などのデータや情報を分析し描写する。	150語以上	20分	3分の1
Task 2	あるトピックについて意見を述べる。	250語以上	40分	3分の2

「採点基準」は、次の4つのクライテリア（基準）で、スピーキングの場合と似ています。

基準	詳細	割合
Task Achievement / Task Response （タスクの達成度/質問に適切に答えているか）	Task1：必要情報が提示されているか。 Task2：トピックとの関連性があるか。	25%
Coherence and Cohesion （一貫性とまとまり）	内容が首尾一貫しており理解しやすいか。	25%
Lexical Resource （語彙力）	高い語彙力を有し、場面に応じて語彙表現を正確かつ適切に運用できているか。	25%
Grammatical Range and Accuracy （文法の運用力と正確性）	幅広い文法項目を適切かつ正確に使えているか。	25%

● IELTSライティング Task 1の問題はこれだ！

Task 1は与えられた情報を比較・分析し、それを客観的に描写することが求められます。問題のパターンが大体決まっており、大きく以下の3種類に分類されます。

1. Graph / Chart / Table
グラフや表と共に数や量、割合などが示されており、それを描写する問題。傾向や特徴を分析、比較して述べていきます。

2. Map / Floor Map
ある場所の過去や現在、未来など2つないし3つの地図が示され、それぞれの変化を述べる問題パターンです。

3. Diagram
作業や処理の手順を図で表したもので、製品の製造過程や機械の動作説明、動植物が進化する発達段階などを説明する問題です。

IELTSライティング Task 2の問題はこれだ！

Task 2はあるトピックについて250語以上のエッセイを書き上げるタスクです。Task 2の問題パターンにはいくつかのタイプがあり、同じタイプでも問いかけが異なることもありますが、主に次の3つに分類することができます。

1. Discussion essay
提示された2つの意見について論評する問題。
(例：大学カリキュラム自由選択の是非について)

2. Argument [agree or disagree] essay
提示された意見に関して、賛否どちらかの立場に立って論じる問題。
(例：病気予防のための、環境・住宅問題の重要性を論じる問題)

3. Two-question essay
あるトピックに関して、その因果関係や解決策などを論じる問題。(例：社会性の低下の原因と対策法を論じる問題)

これら以外にも人生哲学、社会問題など様々な分野のトピックが出題されま

す。よって、問題のタイプに即した適切な解答方法が重要になってきます。これが発信力をUPさせるのに非常に効果的なのです。ぜひ、IELTSのライティング問題対策を、スピーキング力UPにお役立てください。

20 TOEIC S&Wの
スピーキング問題とは！？

　それでは最後に、企業で「英語の発信力」が重視されるようになると共に普及し始めたTOEIC S&Wについて述べることにしましょう。

　TOEIC S&Wのスピーキングテストは、TOEFL iBT同様にコンピュータに向かって解答し、その音声をもとに採点が行われます。11の問題からなり、テスト時間は約20分となっています。問題パターンは6つに分類され、ビジネスシーンで求められる技能を中心とした様々なタイプの問題で構成されています。

Q1-2 Read a text aloud（音読問題）

　主にビジネスに関する60語前後の文章を音読する問題。準備時間は45秒で、45秒以内で音読します。普段から音読練習していない人にとってはやや難しいでしょう。

Q3 Describe a picture（写真描写問題）

　画面に表示された写真を見ながら描写する問題。準備時間は30秒で、45秒以内で描写します。写真観察力と英語描写力が試される実践的な問題です。

Q4-6 Respond to questions（応答問題）

　画面に表示された質問に対して答える問題。ビープ音が鳴るとすぐに応答しなくてはなりません。例えば、次のような問題です。
Imagine that you are talking to a friend on the phone. You are talking about the next summer vacation.
Q.What are you planning to do then?
Q4, 5は15秒以内、Q6は30秒以内に応答します。

Q 7-9 Responding to questions using information provided（提供された情報に基づく応答問題）

画面に表示された情報をもとに解答する問題で、通常は広告や案内などの表を正確に読んで質問に答える簡単な問題です。
Q7, 8は15秒以内、Q9は30秒以内に応答します。

Q10 Propose a solution（解決策を提案する問題）

トラブルに関する放送を正確に聞き取って「解決方法」を述べる問題です。準備時間は30秒、解答時間は60秒以内で、英語力だけでなく「問題解決力」が問われるチャレンジングな良い問題です。

Q11 Express an opinion（意見を述べる問題）

ある問題に対して意見を述べる問題。準備時間は15秒で、解答時間は1分以内です。例えば、次のようなタイプの問題です。
Do you agree or disagree with the following statement?
High school students should be required to study abroad.

TOEIC S&Wのスピーキングテストは TOEFL iBT や IELTS に比べると難易度は下がりますが、ビジネスシーンを想定していることからあらゆる場面で運用できる幅広い英語力が求められます。Q7-9は情報を正確に読み取る力が、Q10ではリスニング力と問題解決能力が、Q11では問いに対して論理的に解答する力など、統合的な力が求められると言えるでしょう。

21 TOEIC S&Wの ライティング問題とは！？

　TOEIC S&Wのライティングテストは、3つのセクションで構成されており、試験時間は約60分となっています。それでは各セクションの問題を見ていきましょう。

Q1-5 Write a sentence based on a picture（写真描写問題）
　写真と2つの単語が提示され、それらを用いて英文を1文作成します。8分間で5問解答します。

Q6-7 Respond to a written request（Eメール作成問題）
　25〜50語前後のEメールを読み、指示に従って返信のメールを作成する問題が2問出題されます。1問につき10分で解答します。内容を理解し適切な応答をすることが重要です。

Q8 Write an opinion essay（意見を記述する問題）
　TOEFL iBTのライティングのIndependent（独立型）と同じタイプの問題で、ある問いに対して自分の意見とその理由や例を述べる形式です。

＜例題＞

> Some people prefer to work for a large company. Others choose to work for a small company. Which do you prefer? Why? Support your opinion with specific reasons and examples.

　制限時間は30分、指定語数は300語以上で、かなり難易度の高い問題となっています。このタイプの問題は、エッセイライティングに慣れていないと、

構成や主張が乱れる可能性があるので、イントロ（導入）→ボディ（本論）→結論の構成で論理的な話の展開を行うことが大切です。

　ビジネスの要素が加わったTOEIC S&Wのライティングも、スピーキング力を含めた発信力を伸ばすには良い試験です。ぜひ活用していただきたいと思います。

　さていかがでしたでしょうか？　スピーキング力の弱い人は自分がなぜ英語のスピーキングが苦手かわかってきましたか。米国の学校でのライティング練習や、各種英語検定試験に見られるように、英語の発信力UPのためには英語力UPだけでない長年のトレーニングが必要であることがおわかりいただけたでしょう。

　この後の章では、「リスニング力UP」「リーディング力UP」「語彙・表現力UP」「英文法力」などの実践トレーニングを通じて、スピーキング力を段階的にUPしていきましょう。

　それでは皆さん、明日に向かって英悟の道を、

Let's enjoy the process!（陽は必ず昇る！）

Chapter 3

スピーキング力を
生まれ変わらせるための
リスニング力UPの極意

1 スピーキング力UPに不可欠な
リスニング力を伸ばすには!?

　英語のスピーキング力は、ネイティブと英会話をして、英語の発音や語彙や文法を覚えさえすればUPすると思っている英語学習者が多いのですが、実際はリスニング力やリーディング力やライティング力など、その他のスキルも同時にUPさせることが重要です。特にリスニング力は、Chapter 2の「ポイント理解力」の重要性のところ(p.28)で述べたように、英語の発信力UPに不可欠です。そこでこの章では、スピーキング力をUPするために極めて重要な「リスニング力」をUPさせるための極意を述べながら、そのトレーニングを行っていきます。

　私自身の英語学習の歴史を振り返ると、最も苦労してきたのがリスニング力UPです。これは、英語を聞き始めたのが中学に入ってからだったこと、しかも学校の先生の英語の音読が、リズムがまるでないJapanese Englishであったこと、ラジオ英語講座などがほとんどなく、24歳で本格的な英語の勉強を始めるまではテキストを用いたリーディング中心の勉強だったこと、などの理由が考えられます。

　よく、ネイティブの赤ちゃんは生まれるまでに母親のお腹の中で英語を3000時間聞いていると言われます。そしてそれが英語の素養を作り、生まれてからの英語の習得速度に差をつけていると言われます。これは「優れた演奏家を育てるためには、お腹の中にいるときからいい音楽を聞かせることが重要」というのと同じです。英語の発信力を含めた英語の習得にも、リスニングが重要なのです。

　私の甥は、3歳頃から私が英語の単語を読んで聞かせてはリピーティングさせるなどしていたために、リスニングが得意でした。また、私の生徒だった他の高校生も、普段から私の速い英語を聞かせていたため、英検準1級のリスニング問題は何の対策をしなくても高得点を取りました。このことから見ても、英語のリスニングは若いときに英語のリズムを吸収する

ことがいかに重要であるかということがわかります。

　しかし、小さい頃からトレーニングしていなかった人でも、そのハンデを乗り越えていくための方法があります。そのためにまず、日本人のリスニングを困難にしている20の問題点を見てください。

2 日本人の英語リスニングの 20の問題点とは!?

1 音声面（発音）

①カタカナ英語の認識と発音に慣れてしまって、ネイティブ英語のリスニングができにくい。

②**弱形＋聞こえる弱音（なくなる）**、鼻抜け、リエゾンなどに不慣れなために聞き取りが難しい。

③英語が強勢、イントネーション、口調によって意味が大きく変わることを知らないため、メッセージを正確に取れない。

④英語のリズムに乗れないために、耳がついていかない。

⑤ぼそぼそやしわがれ、ささやきなどの様々な話し方に慣れていないために聞き取れない。

⑥色々な訛りや方言に慣れていないために聞き取れない。

⑦相手が話す速い英語に対して、頭の情報処理スピードがついていかない。

2 語彙面

⑧英単語の意味の広がりやシンボルをつかめていないため、すぐにピンとこない。

⑨語彙、コロケーション（英単語の結びつき）、イディオムの知識が不足しているために聞き取れない。

⑩ネイティブの子どもでも使える基本動詞や句動詞の知識が乏しいために聞き取れない。

⑪固有名詞を聞いてもピンとこないために理解できない。

3 文法面

⑫文型、倒置、仮定法、無生物主語などの構文の知識が乏しく、ま

　　　　た英語の語順に慣れていないために聞き取れない。
　⑬前置詞[副詞]用法のシンボルの認識が足りないので聞き取れない。
　⑭助動詞の機微や冠詞・名詞不可算性などのコンセプトが認識できていないために、話し手の気持ちがわからない。

4 発想面
⑮英語のロジックに慣れていないので理解がついていけない。
⑯英語のユーモアやジョークについていけない。
⑰状況によって相手がどういうことを言うのか予測しにくい。
⑱ナチュラルな会話に多い言い間違いや訂正(repair)、挿入、organizationの悪さなどのために理解しにくい。

5 背景知識
⑲世界情勢、一般知識に関する知識が乏しく、様々な話題についていけない。

6 集中力・記憶力
⑳集中力・記憶力が欠けているために取りこぼしが多く、聞いてもすぐに忘れてしまう。

　ざっとこんなところですが、特に1の音声面は年齢が若いうちに、音楽の絶対音感のように「英語耳」を作っておくと、後で英語の勉強が非常に楽になります。リスニングは「内容を聞き取る」ことですが、ヒアリングは「音を聞き取ること」です。ここで言う音声面はヒアリングにあたります。
　英語のスピーキングにおける発音、リズム、イントネーションの良さとリスニング力(特にヒアリング力)は相対的関係にあります。つまり、発音・リズムのいい人はリスニングも良く、リスニングのいい人は発音・リズム感もいい、という点で連動しています。故に音声面は、英語のスピーキング力・リスニング力UPのため、できるだけ早い時期から身につけ、オーラルコミュニケーション力を養っていく必要があります。

3 スピーキング力UPのための
　リスニングとそのスキルUP法とは!?

　前述のように、聞く(聴く)力は英語のスピーキング力UPに欠かせない能力ですが、そのリスニングが英語の4技能の中で一番苦手だという日本人が多いようです。そういう人は、なかなかコミュニケーションがうまくいきません。そこで、その改善法について述べる前にまず、英語におけるlisteningとは一体何かについて述べたいと思います。

　listenとは、音素「l(伸)+i(鋭)+s(進)+t(定)+e(出)+n(否・止)」からなる「**フォーカスされた、弓を引いて獲物を捕獲するような直線的なイメージ**」で、英英辞典(Oxford)によると次のように定義されています。

①to give one's **attention** to a sound; make an effort to hear something; be alert and ready to hear something（耳をそばだてて聞く）
②to take notice of what somebody says to you so that you **follow their advice or believe them**; respond to advice or a request（しっかり聞いてアドバイスやリクエストに従う）

　つまり、listenは日本語の「**聞く**（hearと、意見要求などを受け入れるという意味のtake）」と「**聴く（耳を傾けて聞く）**」の両方の意味に近いのですが、listenのほうが「**努力と積極性**」の度合いが強いので、きちんとレスポンスしないと、You're not listening!と言われたりします。

　リスニングテストでは、こうしたlistenの要素に加えて、**comprehend**［=**fully understand something complicated or difficult**］（複雑な内容を完全に理解する）することが加わります。リーディングと違って**working memory**を働かせて、相手が1回だけ述べた情報を一瞬で理解し**記憶（retention）**しないといけないので、非常にチャレンジングな

ものとなります。

　こういったリスニング力を構成するファクターが、次の３つです。
1. **Attention**（注意・関心）
2. **Understanding**（理解）
3. **Retention**（記憶保持）

　attentionが欠けると、人間の「情報」を処理する脳の部分が働かず、**understanding**できず、understandingしないと**retention**もできません。そこで、この３つのキーワードを完全に理解しておきましょう。

1 Attention（注意・関心）

　まず、リスニングの１つ目のファクターである**attention**は、英英辞典（Oxford）によると、

①the act of **listening to**, **looking at** or **thinking about something / somebody carefully**
②the **interest** that people show in somebody/something

で、「物事や人物に対して**注意して聞き、見て考え、興味を示す**」ことです。他人の考え方や外の出来事に興味がない人、興味の範囲が狭いタイプの人や自分の考え方に凝り固まっている人は、他人の言っていることをなかなか**注意して聞くことができず**（聞きながら寝てしまう人もいる）、リスニングに不可欠なattentionが欠けています。故にこれを乗り越えるためにはかなりのトレーニングが必要なのです。

　誰でも自分の興味のある話にはattentionが高まりますが、様々な事柄をlisten & comprehendする能力を高めるには、興味の範囲を広げる努力が必要です。同時に、あまり興味のない分野の話を聞いても耳を傾けることができるように、**吸収力のいい、子どものような頭の柔らかさ（have a mind like a sponge）** を養う必要があります。また他人の話を聞いたときに、**empathy**（共感［=the ability to understand another person's feelings, experiences, etc.］）を持って聞ける、包容力と度量の広さを養う必要があります。

2 Understanding（理解）

　リスニングの２つ目のファクターである **understanding** は、日本語の「理解」より意味が深いものです。

①**knowledge** about something, based on learning and experience
②**sympathy** towards someone's character or behavior

　つまり「使われている**言語の知識、因果関係やある状況に至ったプロセスの把握、経験や勉強によって得られる知識、他人の気持ちや行動の原因を理解しようとする思いやりの気持ち**」などが必要です。

　「**言語の知識**」は、その言語の音声認識力（ヒアリング力）、文法の知識、語彙・イディオムの知識やイントネーションなど対話のノンバーバルな面の理解力です。「**因果関係・状況判断力**」はリスニング問題で狙われるところで、普段から人の話を漫然と聞かずにそれらの観点から聞く習慣のある人はその能力が優れています。「**経験や勉強によって得られる知識**」は、知識や経験や思いやりの気持ちから、indirectなメッセージの行間を読み（read between the lines）、即座に状況を分析判断する能力のことで、英語の場合は、experience（知識とスキル）と知力（頭の回転の速さ）によって、速い会話の内容を情報処理する能力が必要になります。

　人間のコミュニケーションは、言葉が足りなかったり、皮肉を言ったり、言いにくい内容のメッセージをぼかしたり、またバーバルとノンバーバルコミュニケーションのギャップがあったりしてわかりにくいことが多いものです。レクチャー、インタビュー、ドキュメンタリーなどは、背景知識がなければ理解できない場合も多いので、言語の知識と状況判断力を統合する**理解力**（**understanding**）が非常に重要です。

3 Retention（記憶保持）

　リスニングの３つ目のファクターが **retention** です。人間のコミュニケーションは、聞いているときは理解できたとしても、後でレスポンス

やフィードバックを行うには、聞いた後である程度の時間記憶していること（retention［記憶保持］）が必要です。特に英語の検定資格試験を受ける場合はこの能力が重要で、これが弱いと、対話型問題は何とかなっても、長いパッセージやレクチャーの聞き取り問題は困難でしょう。このretentionはattentionやunderstandingと相関関係があり、**興味があって集中して注意深く聞いたときや完全に理解できたとき、背景知識があって楽にわかったときなどはretentionが高まります。**

授業などをあまり聞かずにマイペースで独学してきた人や、他人の話を聞くよりも話すほうが圧倒的に多いスピーカータイプの人はリスニング力が低く、逆に独学よりも授業中に覚えてきた人や、秘書やオペ室担当のナースのように、常に人の話を聞いて的確に反応しなければならない職業の人は、言語を問わずリスニング力が非常に優れています。

ちなみに、retentionには「記憶力」が密接に関わっていますが、記憶力を上げるには、ワークアウトによって心拍数を高めることが有効とされています。洋雑誌などでも「脳力」を高めるためのトレーニングの重要性を力説しています。私も50歳を過ぎてから、retention力を回復するためにトレーニングを開始し、トライアスロンにもチャレンジし始めました。

以上をまとめると、リスニング力UPに重要なのは、言語の音声認識力（ヒアリング力）や語彙の知識に加えて、様々な知識と経験から来る理解力、判断力、wisdom（英知、英悟する心）、そして人の話に興味・関心・共感を持って耳を傾けることのできる「包容力」です。また、retentionを高めるために心拍数UP有酸素運動も行うとなれば、リスニング力UPは素晴らしい「人生修行」と言えます。

前述したように、私はリーディングに比べてリスニング力UPに非常に苦労しました。もともとあまり授業を聞かず独学するタイプで、24歳の終わりになって本格的に英語の勉強を始めるまでは、自分はリスニング力が苦手であるなど全く意識していませんでしたが、リスニング力UPとの格闘が「試練の道」になりました。これは、英語力をUPしようと努力

し始めると必ずぶつかる大きな壁です。

　私はアルクの「ヒアリングマラソン」を4000時間ぐらいまでは毎日2、3時間ずつ記録しながら行い、その後は記録しなかったものの、引き続き毎日2、3時間ずつ4000時間以上行い、10年かかって通算1万時間以上続けました。そして本格的な英語の勉強を始めてから36年間で、洋画だけでも、ゆうに1万タイトル以上をリスニング力UPのマテリアルとして見ており、それだけでも2万時間は費やしています。しかし、ヒアリングもリスニングもいまだに格闘中です。

　かくもチャレンジングなのがリスニングですが、この聞く力こそ、英語のスピーキング力UPに欠かせない能力です。気合を入れて絶え間ない努力をエンジョイできるように頑張りましょう。

4 発音・リズム・イントネーション習得でリスニング力UP！

1 カタカナ英語に注意！
2 弱形＋聞こえる弱音、鼻抜け、リエゾンをマスターしよう！

　英語には日本語より多くの母音、子音があり、その識別と発音が日本人には困難です。例えば、fifthなどの［θ］やliberal（**ウ**ボア）、local（**ロ**コ）、animal（**ア**ェニモ）、fundamental（ファン**ナ**メノ）などの［l］音、arrive（ウ**ラ**ーイ○）の［r］や［v］音、tongueなどの［ŋ］がそうです（太字はアクセントの位置を示す）。特にthingのように［θ］と［ŋ］が一緒になった単語の聞き取りは、難しいでしょう。また、「飲み込み」や「鼻抜け」で聞こえない音もあります。good sentences（グー○**セ**ン○スィーズ）、big mountain（ビー○**マ**ウン○）、Latin America（ラ○**ナ**メウィカ）などは、○の部分が飲み込み・鼻抜けのため、「リズム」は残っているのですが聞こえません。

　このような例文にできるだけ慣れるように真似て音読練習しましょう。次の例も難関であるため、フレーズで認識し、記憶しましょう。

It's **written in a running hand**.（筆記体で書かれている）
　リ○ニ**ナ**ラニンハェン○［handはハンと読まずエの音を加えること！］
It's **written in block letters**.（活字体で書かれている）
　リ○ニ**ブロ**ッ○レラーズ［writtenはリゥンと鼻に抜ける感じ］
It's **written in all capital letters**.（すべて大文字で書かれている）
　リ○ニノー**キャ**ピ○ルゥレラーズ［capitalのtは米語ではほとんど読まない］
It's **written in bold strokes**.（太く書かれている）
　リ○ニ**ボウ**○ストロウクス［すべて母音は引きずらないように注意！］

さらに、日本人は外来語のカタカナ英語に慣れてしまっていることが、英語の聞き取りを難しくしています。次の例を見てください。

---

model──「モデル」ではなく「**マドゥ**」という感じ。
ideology──「イデオロギー」ではなく「**アイデオロジー**」に近い。
media──「メディア」と読む日本人が非常に多いが、「**ミーディア**」に近い。
image──「イメージ」ではなく「**イミッジ**」に近い。
acoustic──「アコースティック」ではなく「**ウクースティック**」に近い。
digital──「デジタル」ではなく「**ディジル**」に近い。
interval──「インターバル」ではなく「**イントゥヴ**」に近い。
exotic──「エキゾチック」ではなく「**イグザリッ**」に近い。
apron──「エプロン」ではなく「**エイプロン**」に近い。
oasis──「オアシス」ではなく「**オウエイシス**」に近い。
scenario──「シナリオ」ではなく「**スィネリオウ**」に近い。
vinyl──「ビニール」ではなく「**ヴァイヌ**」に近い。
neon──「ネオン」ではなく「**ニーアン**」に近い。
label──「レーベル」ではなく「**レイブ**」に近い。

　この他、pedal（**ペロ**）、wool（**ウォ**○）、rule（**ウーゥ**）、vanilla（**ヴニゥ**）、guerrilla（**ゲウィゥ**）なども聞き取りにくい外来語です。

　さらに地名が単独で読まれた場合も聞き取りが難しく、Fullerton（**フラートン**）などは日本語の音声にない[f]と[l]、そして先ほど述べた「鼻抜け」のコンビネーションで、聞き取りが非常に難しい語です。また文脈の中でならまだ理解できますが、突然1語だけ言われると、ネイティブ同士でさえも理解が難しいものです。"Atlanta"だけでなく"Atlanta, Georgia"（ジョージア州アトランタ）のように地名と州を組み合わせて言ったり、"b of book" "v of Virginia"のようにスペルを読み上げて、アルファベットを明確にしたりします。

　なお、イギリス英語とアメリカの英語とを比較すると、イギリス英語

は[t]の音を日本語と同じように下を前歯の裏ではじいて発音し、弱形(reduction forms)が少ないのに対し、アメリカ英語は[l]の発音と同じく舌を前歯の裏につけたまま[t]や[d]を発音します。そのため、飲み込みや鼻抜け現象が起こりやすくなります。

3 強勢とイントネーションの違いに注意しよう！

英語は「ストレス (stress-based) 言語」「イントネーション (intonation-based) 言語」と言われ、次のように強勢やイントネーションの違いによって意味が変わってきます。

☐ You didn't read it, did you? ↘ （脅している場合）
☐ You didn't read it, did you? ↗ （単に聞いている）
☐ Why did you come to Japan? ↘ （来たことを非難している場合）
☐ Why did you come to Japan? ↗ （理由を聞いている場合）

4 語のリズムに注意しよう！

スピーキングのセクションでも触れましたが、③の強勢やイントネーションに関連して、英語のヒアリング（音の聞き取り）UPにはリズムも非常に重要です。ヒアリングを加速的にUPさせるためには、ジャズやラップに代表される「表」と「裏」のリズム感を体得する必要があります。

例えば次の英文はそれぞれ4拍、2拍、2拍で、太字の部分、つまりキーワードが「表」で強勢が置かれます。それ以外が「裏」のリズムになり、強勢が置かれません。

☐ I don't **understand** what you're **talking about**. （何のことを話しているのかわからない）
　アイドンナンダス**ターン**ワッチュ**トーキナバウ**○　[4拍]
☐ I **guess** you'd better **check** on it. （調べたほうがいいよ）
　アイ**ゲッシュ**ベラ**チェッ**コニッ○　[2拍]
☐ The **sailboat** has been **docked**. （ヨットが泊まっている）

○セイルボウタスビンダック○［2拍］

　英語は日本語と違って、ストレスとリズムとイントネーションが重要な言語で、上の例でも太字の部分にストレスを置かずに読むことはできません。また、日本人の耳にはほとんど強勢が置かれる「表」のところしか聞き取れません。私の弟は英検3級ぐらいのときに渡米し、ネイティブが早口で話す英語が大体わかったらしいのですが、それはストレスの置かれている**キーワード**と状況から判断して大体のメッセージを汲み取ったものと思われます。ヒアリング力＆リスニング力UPにはこのリズム感が極めて重要で、英語の3大原則であるrhythm, logic, efficiencyの中で最も重要な要素ですので、ぜひとも習得しましょう。この英語の強勢とリズムに関しては後でトレーニングします。

　それから、よく使われる次の日本語を英語で言うとどうなるでしょうか。「聞けよ」「聞いてよ」「聞いて！」「聞くんだ！」「聞いてくれる？」「聞け」「聞いてね」
　この微妙な違いを、英語の語彙のバリエーションで表そうとするのは難しいものです。**英語は日本語よりも、口調やストレスというノンバーバルコミュニケーションのファクターが重要**です。

ストレスに注意！

Listen（!）
　口調によって「聞いて」「聞けよ」「聞くんだ」「聞け」「聞いてよ」になる。

Just listen（!）
　「（つべこべ言わずにちゃんと）聞くんだ」のニュアンスになる。

Please listen（!）／ Listen, please（!）
　「聞いて！」「（お願いだから）聞いてね！」のニュアンスであるが、ストレスをpleaseかlistenのどちらに置くかで意味が変わってくる。ストレスをpleaseに置くと懇願のニュアンスが強くなり、listenにスト

> レスを置くと命令のニュアンスが強くなる。
> Listen, will you?
> 「聞いてね」「聞いてくれる」のニュアンス。

このように、英語においては口調やストレスの置き方が重要です。

5 ぼそぼそやしわがれ、ささやきなどの様々な話し方、
6 訛りや方言にも慣れよう！

⑤と⑥に関しては、これまたチャレンジングです。英語の資格検定試験のナレーターには、こういった訛りやぼそぼそなどはほとんどないのですが、英語圏での実際の会話ではよく直面します。

実際、私も1回目のアメリカ留学のときに、様々な聞き取りにくい英語に出会って困惑しました。野外授業の際、ヘリコプターが飛んできて聞き取りにくかったり、バスの中で話しかけてきた人が早口で訛りがあり、バスのエンジンの音とあいまって非常に聞き取りにくかったり、駐車場の係員がものすごいしわがれ声で話しかけてきてわからなかったり、タクシーに乗ると運転手のブラックアクセントがきつく早口だったために聞き取りにくかったり、挙げればきりがありません。日本では他の英語学習者と比べて自分のリスニング力に自信があったので、余計に困惑しました。日本ではほとんどの場合、訛りのないネイティブのクリアな発音を聞いて勉強しますが、海外ではその反対に色々な状況であらゆる国籍・地域の訛りの英語を聞きながら覚えるので、ヒアリングが非常に鍛えられるのです。

日本で市販の英語学習音声教材を用いて、アナウンサーのようにきれいな発音の英語を騒音のないベストの環境で聞いていると、耳が「過保護」の状態になり、英語圏に行ったときに大変苦労する可能性があります。海外に行く機会がないという人は、できるだけ洋画を観るようにして、ヒアリング力と状況判断力と語彙力を同時に鍛えていく必要があり

ます。これからはますますノンネイティブの英語が主流になり、ネイティブの英語はマイノリティーになっていくと言われていますので、ネイティブ英語以外の様々な英語も聞き取れるように訓練していくことが求められているのです。

5 スピーキング力・リスニング力 UPに不可欠な速聴とは!?

　さてここで、スピーキング力・リスニング力に欠かせない「速聴」について考えるために、日本人と英語ネイティブのスピーキングのスピードを比較してみましょう。まずスピーキングには、対話の場合と、インタビューで質問に答えたりレクチャーをしたりするときのように、1人で話す場合の2種類があります。前者の対話の場合は、質問したりレスポンスしたりのインタラクティブが基調で短い発話が中心なので、後者のインタビューやレクチャーのときよりは英語が速くなりがちです。

　日本人の場合、日本語の対話のときに話すスピードは、スピードが遅い人で、英語換算で60 wpm［=word per minute］ぐらい、早口の人で180 wpmぐらいで、平均すると120 wpmぐらいです。それに対して、1人で話す場合は、遅い人で50 wpmぐらい、早口の人で150 wpmぐらいで、平均すると100 wpmぐらいです。

　一方、米国人の対話スピードは、遅い人で約120 wpm、早口の人で約240 wpm、平均すると約180 wpm。1人で話す場合も、遅い人で約100 wpm、速い人は約200 wpmで、平均すると約150 wpm。両方とも、米国人は日本人の約1.5倍のスピードです。

　イギリス人はアメリカ人より少し遅く、アメリカ人で一番速いのがニューヨーク人で、その対極にあるのが日本人の田舎のおじいさん、おばあさんの話し方と言えます。ちなみに関西に比べ関東のほうがテンポが速いようですが、「実はですね」「あのですね」「私の場合はですね」のように言葉をはさんでしまって1文を一気に話せない人は50 wpm以下と遅くなります。これは英語のスピーキングやリスニング力をUPする上で致命的なので、できるだけ1文を一気に話せるようにトレーニングしましょう。

	米国人が話す英語のスピード	日本人が話す日本語のスピード
速い	300 wpm　非常に早口 240 wpm　早口	180 wpm　早口
普通	180 wpm（日常会話・ニュース） 150 wpm（日常会話・ドキュメンタリー）	150 wpm（ニュース） 135 wpm（ドキュメンタリー） 120 wpm（日常会話）
遅い	120 wpm　遅い（スピーチ） 80 wpm　非常に遅い	90 wpm　やや遅い 60 wpm　遅い

　上の表でわかるのは、日米ではニュースやドキュメンタリーの速度が異なり、米国のほうが日本より2割ほど速いということです。さらに特筆すべきは、アメリカ人は日常会話において、ニュースよりも速く話すことが多いのに対して、日本人は日常会話ではニュースのスピードよりも遅く話す点です。

　早口は、時間がない、しゃべるエネルギーが強い、自己主張が強い、頭の回転が速い（分析が速い）、衝動的でせっかちである、興奮しやすいなどのファクターによって起こってきます。逆に思慮深く相手の気持ちを気づかうタイプは話すのが遅くなります。

　日本人は、概して日本語においても話すスピードが遅く、「間」をエンジョイしながらしゃべるので、1分間に英語換算で100-140 wpmが普通であるのに対して、米国人は早口が平均的で、「間」がほとんどなく、1分間に150-200 wpmのスピードで話すのが普通です。つまり米国の放送番組では日本人より2〜3割ほど速く、対話では4〜5割ほど速いということです。

　ネイティブの話すスピードに慣れ、自らもそのスピードを操れることが、スピーキング力・リスニング力UPに欠かせないファクターです。そのためには、次のことを心がける必要があります。

> **速聴力をUPするための極意はこれだ！**
>
> 1. ゆったりした英語や日本語のナレーションは聞かないようにする
> 2. できるだけドラマ、洋画、ニュースのように速い英語を聞く
> 3. TOEIC、TOEFL iBTや英検準1級・1級などのリスニング問題にもできるだけチャレンジする
> 4. 速読や速音読にチャレンジする
> 5. 様々な分野の背景知識を身につける
> 6. ヨガ・メディテーションやピアノ、エアロビクスなどで脳の働きを良くする

1 ゆったりした英語や日本語のナレーションは聞かないようにする

　ゆったりしたスピードのナレーションは、できればボイススピードコントロールのついたプレーヤーで速くして聞くようにしましょう。リスニングというのは、「高速道路走行」「視力＆視力矯正」にたとえることができます。つまり100 km以上の高速で走った後は、60 kmのスピードで走ると止まっているように感じますが、逆に60 kmの速度で走っている人から見ると、100 kmで走っている人がものすごく速くて全くついていけないように思えます。ですから240-300 wpmの速いスピードの英語を普段から聞いてそれに頭を慣らしておくと、180 wpmの英語を聞いても非常に遅く感じ、リラックスして聞けます。それに対して、150 wpmのような比較的遅めの英語を聞いてばかりいると、日常会話スピードの洋画はもとより、ニュースですら速くてついていけません。

　「視力＆視力矯正」も重要なポイントです。日常生活を営むのに必要な視力は0.7と言われていますが、0.3でも平気な人もいれば、0.8見えても物足りない人もいます。これと同じことが洋画を観たときに言えます。ネイティブの子どもは0.3、つまり30％の理解度でもフラストレーションなくエンジョイしているのに対して、日本人の大人の場合は日本語での

理解度と比較するので、0.7ぐらいでもまだ不快なのです。しかしそれが0.3の理解度であっても、視力矯正用のメガネをかけたりコンタクトレンズをつけたりするように、日本語字幕や吹き替えではなく、生の英語を聞くことで「視力矯正努力」をし、徐々に0.5から0.7へと視力をUPさせていく必要があります。そして字幕なしで映画を観て、0.5や0.6でもフラストレーションを感じず楽しめるようになれば、視力矯正がかなり成功し、ネイティブ感覚（少なくてもネイティブの中学高学年レベル）で洋画をエンジョイできるようになってきていると言えます。

2 できるだけドラマ、洋画、ニュースのように速い英語を聞く

できるだけ「生の英語」にチャレンジし、1日に最低1〜2時間はリスニングする必要があります。アルクのヒアリングマラソンは、1日に3時間、1年間で1000時間英語を聞けばヒアリング力（音を聞き取る力）が生まれ変わるというものですが、これは画期的なプログラムです。英語圏へ行けば1日に最低6時間ぐらいは英語を聞くのに対して、日本で英語を勉強している人はリスニングの絶対量が少な過ぎるのです。昔流行った『スター・トレック』『奥さまは魔女』『ファミリー・タイズ』『チャーリーズ・エンジェル』『刑事コロンボ』などのドラマはクリアに発音されていますので、これらをリスニング教材にして、どんなに少なくても1日に1時間は生の英語を聞くように心がけましょう。

3 TOEIC、TOEFL iBTや英検準1級・1級などのリスニング問題にもできるだけチャレンジする

英語の検定試験で高スコアを取るためには、agility（素早く状況を判断する頭の回転の速さ［=being intelligent and able to think very quickly]）とadaptability（目まぐるしく変わっていく状況への順応性）とcarefulness（トリックにはまらない注意深さ）といった要素が重要となります。

またその他に、どんなところが問題として問われるか、どんなパターンの問題が出題されるかなどの認識や、問題の選択肢を素早く読んで理解する速読力も要求されます。

4 速読や速音読にチャレンジする
5 様々な分野の背景知識を身につける

　4と5も重要で、互いに関連し合っています。前述のように、リスニングというのはニュースにしてもドキュメンタリーにしても洋画にしても1回しか聞くことができません。ところが、1回だけ聞いて理解できるのは、文献なら後戻りせずにすいすい読み進めることのできるような、自分にとって簡単な内容のものです。そういった速読を可能にするものは色々な分野の背景知識です。ですから、TIMEやニューズウィーク、CNNニュースやディスカバリーチャンネルを利用して、普段からどんどん背景知識を増やすと同時に、速読力をUPさせることが重要です。

　また、音読の進化形「速音読」は、後戻りせずできるだけ速く音読するものです。音読によって脳を活性化させる効果があり、これもリスニング力UPに役立ちます。

6 ヨガ・メディテーションやピアノ、エアロビクスなどで脳の働きを良くする

　リスニングと言ってもつまりは「脳力」を高めないと伸びません。人間の「脳力」を高めるには、エアロビクスやダンスなどで激しく運動したり、ヨガなどのストレッチで股関節を柔らかくしたり、ピアノなどを弾いて指を速く動かしたり、メディテーションによって集中力を高めたりする必要があるそうです。これを実行すると、年を取っても「脳力」が衰えることなくinputができ、その結果として知識が増えれば、リスニング力もUPするわけです。

　以上見てきたように、速聴トレーニングは情報伝達・吸収の効率を高めることができ、また脳を活性化し、頭の回転を良くしますので、ぜひ実践していただきたいと思います。

6 スピーキング力・リスニング力UPに必須の語彙・イディオムの知識とは!?

　スピーキング力UPのための必須アイテムとして、語彙、イディオムの知識が挙げられます。語彙力・イディオム力の不足がリスニング力の低さにつながるのは言うまでもないことでしょう。語彙について考えても、TOEFL受験のときに覚えるような学問分野別語彙もあれば、英検、TOEFL、SAT、GREなどを受験するときに覚えるような硬い8千語から2万語水準の書き言葉もあります。リスニング力＆スピーキング力UPには、これらすべて含めたボキャブラリービルディングが欠かせません。

　しかし同時に重要なのは、「コロケーション」(単語と単語の結びつき)です。1音節の短い単語が他の単語とくっついて全く違う単語に聞こえることもありますし、ストレス言語であるために「語尾」がほとんど聞こえないこともあるので、リスニングUPにはこのコロケーションの知識が必要です。ところが、日本人は個々の単語の発音やアクセントに気を取られ過ぎて、実際の会話の中では単語や熟語がどのように発音されているか知らない場合が多いのです。

　例えば次の例を見てください。できるだけ聞こえる音に近いようにしてカタカナ発音をつけてみます。

☐ **iron ore**（鉄鉱石）アイアンノオ
　➡ これは1つの**フレーズ**としてとらえる必要がある
☐ crude **oil**（原油）クルードイユ
　➡ oilが短くて聞き取りにくいので**フレーズでとらえる**
☐ **foil** the **coup** attempt（クーデターの企てを阻止する）
　フォイユザクーパテンプトゥ
　➡ foilが聞き取りにくいので**フレーズでとらえる**！

- □ **quell** the riot（暴動を鎮圧する）**クエウザライエットゥ**
  - ➡両方短くて聞き取りにくい！
- □ **repeal** the law（その法律を廃止する）**リピーウザロー**
  - ➡repealの語尾は聞こえない！
- □ **innate** talent（生まれつきの才能）**イネイ○タレントゥ**
  - ➡2語がくっついているので、コロケーションを知らないと聞き取れない！
- □ gross **error**（ひどい間違い）**グロウセラ**
  - ➡連結で音が変わるパターン
- □ have a **glib tongue**（舌先三寸）**ハェヴァグリ○タン○**
  - ➡1音節語が続いて聞き取りにくい
- □ **agile mind**（頭の回転の速さ）**アェッジャイ○マイン○**
  - ➡語尾は両方とも聞き取れない
- □ marine **corps**（海兵隊）**マリーンコー**
  - ➡語尾が聞こえない
- □ **torrid** sun（炎熱の太陽）**トリッ○サン**
  - ➡torridのdが聞こえず、リズムだけが残るパターン
- □ **filial** piety（親孝行）**フィリア○パイアリ**
  - ➡filialが日本語の音声にないので聞き取りにくい！
- □ a **pang** of conscience（良心の呵責）**パンゴ○カンシャンス**
- □ a **quirk** of **fate**（運命のいたずら）**クアークオ○フェイ○**
- □ **oil glut**（石油のだぶつき）**オイ○グラッ○**
  - ➡両方とも聞き取りが困難！
- □ stem the **tide**（流れを止める）**ステム○タイ○**
  - ➡これも1音節語のみで聞き取りにくい！
- □ **set bail** at five **grand**（保釈金を5千ドルに設定する）**セッ○ベイ○ファイ○グラン○**
  - ➡このタイプは日本語の音声を全く含んでいないので、ヒアリング最難関！ 日本人の耳ではフレーズの知識なしでは聞き取り不可能に近い

いかがでしたか。このように単語1つずつではなく、コロケーション単位で読み方や意味を覚えていると、スピーキング＆リスニング力がぐ〜んとUPするでしょう。また、イディオムに関してもこれと同じことが言えます。例えば、**rule out** the possibility of 〜（〜の可能性を否定する）、**bear the brunt of** their criticism［attack］（非難の矛先を受ける）にしても、それらのコロケーションを知っていると、possibilityやcriticismが後に続くことが予測できるので、「固まり」として楽に聞き取ることができるのです。

7 スピーキング力・リスニング力UPに必須の基本動詞・句動詞の知識とは？

　基本動詞・句動詞の知識は、リスニングで極めて重要です。とりわけ**洋画には基本動詞や句動詞が満載**です。

　ネイティブには基本動詞や句動詞が染みついているため、相手がはっきり言わなくても文脈でどの動詞かがわかります。例えば、社風などに「染まる（take on the company style）」、借金などが「たまる（run up a debt）」などは、ネイティブなら小さな子どもでも知っている「句動詞」を使って表現することができます。しかしそういった動詞は1音節のものが多く、ノンネイティブには聞き取れないほどの猛スピード、または小声になることも多いため、日本人は基本動詞・句動詞がたくさん出てくる洋画の聞き取りがニュースより数段難しいと感じてしまうのです。

　日本の伝統的な英語学習法の問題点は、**語彙学習がリーディング力UPを目的としたものであること**、あるいは海外で生活するネイティブの視点で多くの語彙教材が作られているため、**国内で発信する際に必要な語彙が習得しにくいこと**です。基本動詞よりも、大学入試に出てくるハイレベルな文章用の英単語のほうが得意という場合すらありますが、これでは日常会話の表現が英語で言えなくなってしまいます。

　そこで、基本動詞・句動詞がどういう状況でどのようにして使われるかを知り、スピーキングでもリスニングでも困らないようにするための知識を身につけましょう（詳しくは、Chapter 5 語彙・表現力UP編をご覧ください）。

8 日英の「語順の違い」による英語リスニングの問題点とは！？

　英語と日本語の語順の違いが原因で、英語リスニングが困難になることがあります。
　英語は基本的に、まずS＋Vを確定してから修飾語 (modification) を前と後ろに挿入する (後にどんどん続く場合が多い)「**動詞―oriented**」言語です。一方、日本語は主語をぼかしたり、飛ばしたりして、動詞が最後に来る「**目的語―oriented**」言語であるため、英語と比べて動詞や主語の認識が非常に甘くなりがちです。例えば日本語では、「あの青い目をした背の高い外国人が好きだ」と動詞を最後に言うのに対し、英語ではS＋V＋Oの語順で、まずI loveと言ってから最後に長い目的語を述べていきます。この英語の語順に慣れていないと、Sは聞き取れたとしてもVを聞き逃すことがあります。
　また、「**無生物主語**」に慣れていないために聞き取りが困難となることも多々あります。「無生物主語 (S)」＋V＋Oの発想が日本語には非常に少ないので、そのギャップが原因となって、特に速い英語についていけなくなることが多いのです。
　では、次の英文を見て、速い会話の場合に自分なら聞き取れるかどうか考えてみてください。

無生物主語＋リエゾンの組み合わせが難しい！
□ That'll **get us into** real trouble.
　（そのせいで私たちは面倒に巻き込まれる）
　➡ 太字部分が「ゲラスィントゥ」とリエゾンして余計に難しい
□ The hit song **brought her into** the spotlight.
　（そのヒット曲で彼女は一躍脚光を浴びた）

> ➡「ブローラリントゥ」とリエゾンしてさらに厄介
> □ The failure **drove him into** despair.（その失敗で彼は絶望した）
> ➡「ドゥロウヴィミントゥ」とリエゾンしてさらに難しい
> □ The measure **won him** many votes.
> （その法案で彼は多くの票を獲得した）
> ➡「ワンニム」とリエゾンしてさらに難しい
> □ The job **cost** me my health.（その仕事のせいで私は健康を害した）
> ➡cost（〜を失わせる）の用法を知っていれば聞き取れる

　この「**無生物主語**」+「**リエゾンによる音声聞き取り上の難点**」が組み合わさって、聞き取りがさらに難しくなっていますが、いかがでしたか？このような「無生物主語」を意識したスピーキングを日頃から心がけることで、リスニング力のUPにもつながってきます。

　なお、「無生物主語」のように、スピーキングやリスニングの際のポイントとなる文法に関しては、Chapter 6英文法力UP編で詳しく解説していますので、ご覧ください。

9 日英の「発想の違い」による英語リスニングの問題点とは！？

　次に、**英語と日本語の発想の違いから来るリスニングの問題**を挙げましょう。日本人は「論理性(why-because thinking)」や「論理的分析(logical analysis)」、「ユーモアやジョーク」の苦手な人が多いようです。これに対処するには英語の語彙や文法や発音などの勉強だけでは不十分で、ディベートや洋画などをエンジョイしながら鍛えていく必要があります。

　例えば、次のアメリカ人教師と日本人生徒との会話を見てみましょう。2人の間で、英語と日本語の発想の違いから来る誤解が起きています。

米国人教師：Why didn't you do your homework?
日本人生徒：I am sorry.
米国人教師：I am asking you why didn't do your homework.
日本人生徒：I am sorry. I will do my homework next time.
米国人教師：All right. Then see you tomorrow.
日本人生徒：I am really sorry.

『異文化間コミュニケーション・ワークブック』(三修社、八代京子ほか著)

　日本人生徒は、「先生は私のことを許してくれなかった」と思い、ひたすら謝っています。これは、何か問題を起こしたときに**正当な理由を述べることを重視する米国言語文化**と、理由や言い訳を述べることは自己正当化につながるとし、**ひたすら謝ることを重視する日本文化**とのギャップから起こったミスコミュニケーションを示しています。

　もう1つ例を挙げましょう。日本人は、面識も浅いアメリカ人に対して、How do you like Japanese women?（日本の女性は好きですか）という質問をよくすると言われています。日本人の感覚から見れば普通の質問のように聞こえる発言が、時として次の理由でひんしゅくを買う場合があ

るのです。

><アメリカ人のコメント>
> 1. 日本人女性の個性を無視して、十把一絡げに日本女性を扱っている。
> 2. イエスとしか答えようのない質問に対して苛立ちが起こる。
> 3. 恋愛の嗜好は個人のプライバシーの問題である。
> 『ケリーさんのすれ違い100・日米ことば摩擦』(三省堂、ポール・ケリーほか著)

アメリカでは、小学校からの学校教育の影響もあり、

> 1. 論理分析力が優れており、それを言葉で言い表すのが好きである
> 2. 個人の好みを中心とする選択の自由と、プライバシーを尊重する
> 3. 個性を尊重しgeneralizationが嫌いである
> 4. 建前的な答えを出さずに正直に自分の気持ちを言うべきであるとする倫理観がある

といった傾向があり、これが日本人との大きな発想の違いの原因となっています。ビジネス交渉や外国人との人間関係をスムーズに進めていく上では、様々な国との文化の違いを認識するための**intercultural competence**(**国際感覚**)も、真のスピーキング力&リスニング力UPのために重要な要素です。

10 スピーキングの4タイプ　「風・火・土・水」に慣れる!

　スピーキングには、「風・火・土・水」の4つのタイプがあります。
　「風」のタイプは、映画『バック・トゥ・ザ・フューチャー』のマイケル・J・フォックスのような話し方をする人です。**速くよどみなく話し、しかも話の内容が目まぐるしく変わっていきます。話がよく脱線**したりしてramblingになりがちですが、メッセージは基本的に**ダイレクトでクリア**です。
　「火」のタイプは、**力強く情熱をこめてダイレクトに話します**。あまりにもpassionateなために**誇張・レトリックに走る**ことがあります。しばしば**論理性に欠け、聞き手を説得しようと自分の意見を押しつける**ことも。
　「土」のタイプは、「火」とは対照的に、**理路整然と冷めた理屈っぽさで**誇張やレトリックもほとんどなく淡々としゃべります。話に無駄がなく脱線も少なく非常にわかりやすい話し方です。メリハリに欠けるので、**そっけなく面白みのないしゃべり方**とも言えます。
　「水」のタイプは、情緒的で他人の気持ちを非常に思いやる話し方です。しかしそれらを重視するあまりしばし論理性に欠け、**ぼそぼそと話したり、口ごもったりしてあいまいになる**ことがあります。しかもself-contradiction（自己矛盾）やself-deception（自己欺瞞）もよく見受けられるので、何を言っているのかよくわからないことも多い話し方です。

　一番わかりやすいのは、「火」のダイレクトさ・メリハリさと、「土」の**理路整然性をもって話す場合です**。これは聞き手を説得するために大体準備された内容のものを大衆の前で力強く話すような場合です。
　それに対して一番わかりにくいのは、「水」のあいまいさ・矛盾と、「風」の**目まぐるしい展開と散漫さをもって話す場合です**。論理（頭）で理解しようとすれば、一番わかりやすいのは「土」で、一番わかりにくいのは「水」

です。腹（ハート）で理解しようとすれば、「火」や「水」もさほどわかりにくくないでしょう。

そもそも人間の思考活動とその表れであるコミュニケーション、そしてその所産である複雑な人間社会は、単純に黒白、肯定否定で割り切れないものです。**gradational**（微妙な段階的）かつ**oxymoronic**（白黒入り混じった）ものであるにもかかわらず、受信するメッセージとしては、ポイントが明確でないとわかりにくいものです。それを言葉で表し、かつ他人に伝えるためには、ある程度の人為的なgeneralization（概念化）、simplification（単純化）、organization（整理）などの要素が必要になってきます。それをせずに自然のままに話した場合、つまりnaturally occurring conversationは、何が言いたいのかわかりにくいことが多いわけです。

ではそれに対処するにはどうしたらいいでしょう。まず、最初の難関は「風」のスピードです。これに対処するためのキーワードは、**agility**（頭の回転の速さ）と**adaptability**（適応性・順応性）です。その訓練にはTOEICや英検などの資格検定試験を受けるのもいいし、ボイススピードコントロールシステムを利用して「速聞き」するのもいいし、速読をするのもいいし、テンポの速い洋画を観るのもお薦めです。

「水」のファジーなしゃべり方への対処法

速さは克服できたとして、「水」の矛盾したファジーなしゃべり方にはどう対処すればよいでしょうか。「水」のしゃべり方というのは、映画の中でよく見られるぼそぼそした話し方（ハリソン・フォード、ブルース・ウィルス、シルベスター・スタローンなど）や、恋愛や密談のひそひそした会話、インタビューでの矛盾したしゃべりなど様々ですが、その対処法は次の4つです。

1. **Empathic listening**（親身になって聞くこと）
2. **Nonverbal communication competence**
   （言葉以外のコミュニケーション能力）
3. **Broad knowledge and experience**（広い知識と経験）

4. Telepathic understanding（カンによる理解）

　まず、なぜぼそぼそ話したり、矛盾したわけのわからない話し方をしたりするのでしょうか。考えてみるとわかると思いますが、要するに人に聞かれたくなかったり、自信がなかったり、自分でもわからなかったりして、**ambivalent**（心の中で葛藤している）な場合です。1のEmpathic listeningのように、そういった他人の気持ちや問題を理解する能力を**empathy**と言います。これは複雑なinterpersonal relationshipsに対処するのに必要な能力で、特にカウンセラーに要求される資質です。会話では2のNonverbal communication competenceのように言葉を超えたコミュニケーションが多いので、言葉は理解のためのヒントぐらいに見なし、声の調子や沈黙などノンバーバルなファクターを同時に考慮します。3のBroad knowledge and experienceの様々な経験や知識（言語文化や語彙表現の知識も含む）を活かして、時には4のTelepathic understandingの「カン」を働かせて理解に努めるのです。この場合の「カン」とは、「直感」、つまり五感と経験と知識から来るeducated guess、contextual understanding（状況判断）と、五感・経験・知識に基づかない「直観」、つまりgut feelingやtelepathic understandingです。

　ネイティブスピーカーは会話をしていて相手が言っていることがわからないときに、Do you mean 〜?と自分の推理が合っているかどうかをチェックすることがあります。これにより、わかりにくいメッセージの行間を読んで理解することができるようになるので、ファジーなしゃべり方への対策法としてお薦めです。

11 スピーキング・リスニングで重要な「集中力」をUP！

　コミュニケーションで重要なのは、相手の話を聞く力であることは何度も申し上げてきましたが、ここではそのために必要な「集中力」についてお話ししましょう。集中力は、特にTOEIC、TOEFL iBTや英検のような資格検定試験のリスニング問題を解くときには重要で、これが欠けると英語の知識が豊富であっても点数が期待通りに伸びません。実際の会話では、聞き取れなければ質問して聞き直すことができます。しかし、英語のプレゼンなどは1回しか聞けないので、Q&Aの際に質問やレスポンスが行えるほど内容が把握できるようになるためには、「集中力」が非常に重要なファクターとなります。これに欠けると、つい他のことを考えているうちに、相手の話が次の文やポイントに移っていてえらい目に遭うことがあります。

　そこでここでは、なぜ集中力に欠けるかを考えてみましょう。この集中力は、**attention**（他人が言っていることについて注意して聞き、考え、興味を示すこと）と**concentration**（ある事柄に全神経を傾け、他のことを一切考えないこと）の2つの要素からなりますが、普通の人間にとって自分に興味のない話には前者も後者も働かないので「集中力」が下がります。

集中力を鍛える3つの方法とは!?

そこでこれを鍛えるには次の3つの方法があります。

1. 常に集中してリスニングをしなければならない状況に身を置く
2. 「視野の広さ」「知識」「包容力」を養う
3. 検定試験のリスニング問題を解く

1つ目は、重役の秘書やVIPの助手のように常に集中してリスニングをしなければならない状況に身を置くことです。私はかつてオペ室担当のナースにTOEICを教えたことがありますが、彼女たちのリスニング力が非常に高いので、手術医の命令に瞬時に対応しないと致命的になるところから来るものだと痛切に感じました。逆に、いつも指示を与えるほうの地位にある人や、一方的に教える立場にある人は、このattentionとconcentrationが日常生活を通して養われていないために、概してリスニング能力が低いようです。

　2つ目に、何事にも興味を持って聞ける「視野の広さ」「知識」「包容力」を養うという方法があります。しかしこれもなかなかできることではないので、自分の殻を破り（reinvent oneself）、意識的努力をする必要があります。

　3つ目としては、英検やTOEFL iBT、TOEICなどのリスニング問題をどんどん解いてトレーニングすることです。特にTOEFL iBT対策トレーニングは効果的です。また、ディベートトレーニングも相手のメッセージを瞬時にキャッチしてまとめ、反論しないといけないので効果があります。このアプローチでは、リスニングにおける「素早く状況判断できる**頭の回転の速さ（agile mind）**と、次々と変化していく新情報に即応していく**順応性（adaptability）**」が養えるので威力を発揮します。これが、TOEICが会社で重要視される理由の1つとも言えます。

● attentionを維持するための4つのファクターとは!?

　リスニング力を構成する３大ファクターである **attention**（注意・関心）、**understanding**（理解）、**retention**（記憶保持）についてp.115で述べましたが、attentionが欠けると、情報を取り入れて処理する脳の部分が働かず、その結果understandingもせず、understandingしないとretentionもできないことになります。

　このattentionを維持するためには、次の４つのファクターが重要です。

> 1. 睡眠を十分に取り、頭がよく働く状態にしておく
> 2. 聞いている内容に興味が持てるよう、関心の広い人間になる
> 3. 聞いている内容の「負荷」が高くならないよう、様々な分野の素養を身につける
> 4. リスニングに対して気迫を養う

　１つ目の睡眠に関しては言うまでもないでしょう。朝型の規則正しいライフスタイルで、十分な睡眠（リスニング力を最大限に発揮するためには８時間が理想）を取り、適度な運動をしている健康な人は、集中力も頭の働きも良くなります。２つ目の、関心を持つことも当然必要です。

　また、人間の脳というのは聞いている内容が難しすぎてついていけなくなると、他のことを考え始めて情報が「逃げて」いきます。これを私は、３つ目に挙げたように、リスニングの「負荷」と呼んでいます。この負荷がどれぐらい高いかがattention & retentionのスパン（時間の長さ）と密接な関係にあります。リスニングのマテリアルが自分のリスニング力の範囲であるもの、つまり負荷が自分の許容度を超えないものであることが重要で、負荷が高すぎると理解がついていけないので他のことを考えてしまいます。

　「負荷」には、音声面での負荷つまり「ヒアリング」に関するものと、「リーディング」に関するものがあります。前者は楽に音声識別ができることで、

後者はスクリプトを後戻りせずに速く読んで理解できることです。読んで楽にわかるものでないと聞いてもわからないので、リスニングの負荷を低くするためには、自分の読解力をUPさせなければなりません。
　４つ目の「気迫」の重要性ですが、内容に興味があろうとなかろうと、絶対に聞き取るのだという気迫があればかなり状況が改善できます。しかし、何らかの話を聞いていて興味が持てないとすぐに他のことを考えてしまうような長年の習慣がある場合は、試験対策勉強などを通して、早くて半年、遅ければ２〜３年ぐらいかけて新たな習慣を身につける必要があります。とにかく何事であれそのものに取り組む気迫が重要です。
　人間のコミュニケーションというのは、聞いているときは理解できても、聞いた後である程度の時間記憶していないと、そのことについてのフィードバックができません。そのため、attentionだけでなく、要点をサマリーするトレーニングなどによって、**attention & retentionのコンビネーション能力をUPさせる**ことが重要です。英語の検定資格試験のリスニング問題で高得点を取るには特にこの能力が重要で、これがないとパッセージタイプの聞き取り問題が困難となります。attention & retentionはunderstandingと相関関係にあり、興味があって集中して注意深く聞いたり、背景知識があったりして楽にわかる場合は記憶保持力も高まります。

　さていかがでしたか。リスニング力全般に関して音声や、語彙、発想、背景知識、集中力など様々な角度から述べてきましたが、それぞれの重要性はおわかりいただけたでしょうか。こういったことを踏まえて、自分の意見に凝り固まらずに様々な話に興味や関心を持って聞く「心の広さ（open-mindedness）」と、思い込みをしないで注意深く聞ける「注意力（attention）」を備えた「聞き上手（good listener）」になれるように頑張りましょう。

12 固有名詞の知識で
リスニング力ワンランクUP！

　さてここからは、英語の音声面を鍛えていただくためのトレーニングを行っていきましょう。ここでは、固有名詞のトレーニングを行います。私が百科事典を何度も音読して英語力を養ったとき、一番困ったのが**固有名詞の発音**です。その頃は音声データの入った百科事典もなかったし、いちいちすべての固有名詞を辞書で引くわけにもいかなかったので、適当な読み方で読んでいました。それが間違っていたために、実際の会話で通じなかったことがよくあったので、そのときの教訓から、私の著書『世界の歴史の知識と英語を身につける』（ベレ出版）には、固有名詞特集を巻末に載せてあります。英語圏で教育を受けた人は音声授業を通じて固有名詞を含む様々な単語を覚えていくのですが、ノンネイティブの場合それができないので、英語のコミュニケーションで苦しむことが多くなります。

　そこで、会話で固有名詞が正しく発音できるように、重要な固有名詞の読み方をぜひマスターしましょう。まずは都市名・国名・地理編です。

●固有名詞の発音にチャレンジ！①
都市名・国名・地理編

> Q：以下の固有名詞を正しく英語で発音してみましょう。
> 1. イスラエル 2. ウィーン 3. チューリッヒ 4. ジュネーブ
> 5. エーゲ海 6. ドナウ川 7. ミュンヘン 8. アテネ
> 9. プラハ 10. アルゼンチン

<解答>
1. **Israel** [ízriəl] イズリエル
   ➡イスラエル人はIsraeli イズレィリ
2. **Vienna** [viénə] ヴィエーナ
3. **Zurich** [zúərik] ズーリック
4. **Geneva** [dʒəníːvə] ジュニーヴァ（スイス南西部、多数の国際機関の本部がある）
5. **the Aegean** [idʒíːən] **Sea** ィジーェン
6. **the Danube** [dǽnjuːb] ダニューブ
7. **Munich** [mjúːnik] ミューニィック
   ➡ドイツ南部バイエルン（Bavaria）州の州都
8. **Athens** [ǽθənz] エァセンス
9. **Prague** [práːg] プラーグ
10. **Argentina** [àːrdʒəntíːnə] アージェンティーナ

いかがでしたか？ うまく発音できたでしょうか。では、その他の覚えておくべき都市・国・地理の発音を以下でチェックしてください。正しく発音できますか？

●その他の重要固有名詞【都市名・国名・地理編】

- □ベルギー　**Belgium** [béldʒəm]　（首都は Brussels [brʌ́səlz]）
- □ウクライナ　**Ukraine** [juːkréin]
- □エルサレム　**Jerusalem** [dʒərúːsələm]
- □エチオピア　Ethiopia [ìːθióupiə]
- □ポルトガル　**Portugal** [pɔ́ːrtʃəgl]
- □ガンジス川　**the Ganges** [gǽndʒiːz]
- □ヒマラヤ山脈　the Himalayas [hìməléɪəz]
- □ペルシャ湾　**the Persian** [pə́ːrʒən] **Gulf**
- □デンマーク人　Dane [déin]
- □フィンランド人　Finnish [fíniʃ]
- □ノルウェー人　**Norwegian** [nɔːrwíːdʒən]
- □スウェーデン人　Swedish [swíːdɪʃ]
- □ポルトガル人　**Portuguese** [pɔ̀ːrtʃəgíːz]
- □アフガニスタン人　Afghan [ǽfgæn]
- □オランダ人　Dutch [dʌ́tʃ]
- □ユダヤ人　**Jewish** [dʒúːɪʃ]

●固有名詞の発音にチャレンジ！②
　歴史上の人物編

　では、次によく引用される歴史上の人物名の発音にチャレンジしていただきましょう。カタカナ読みだと通じない可能性が大きいものばかりです。用意はいいですか？

> **Q**：以下の固有名詞を正しく英語で発音してみましょう。
> 　1．ソクラテス　2．アリストテレス　3．デカルト　4．ゴッホ
> 　5．バッハ　6．プラトン　7．アルキメデス

＜解答＞

1. **Socrates** [sάkrətìːz]　**サークラティーズ**
2. **Aristotle** [ǽristὰtl]　**アリストートゥ**
3. **Descartes** [deikάːrt]　**ディカー**
4. **Gogh** [góu]　**ゴォウ**（van Gogh）
5. **Bach** [bάːk]　**バーック**
6. **Plato** [pléitou]　**プレィトゥ**
7. **Archimedes** [ὰːrkəmíːdiːz]　**アーキィミィーディーズ**

　これらは本当に頻繁に耳にするものばかりで、ニュースでもしょっちゅう出てきますので、ぜひマスターしましょう！

●その他の重要固有名詞【歴史上の人物編】

- □ ピカソ　Picasso [pikɑ́ːsou]
- □ ゲーテ　Goethe [gə́ːtə]
- □ ガリレオ　Galileo [gæ̀ləléiou]
- □ キケロ　Cicero [sísəròu]　スィセロォ
- □ セルバンテス　Cervantes [sərvǽntiːz]　セル**ヴァ**ンティーズ
- □ ピタゴラス　Pythagoras [paɪθǽgərəs]　パィ**サ**ゴラス
- □ ヘーゲル　Hegel [héigəl]（哲学者）　ヘィグ

●その他の重要固有名詞【アメリカの州名と州都編】

　その他に重要なのは、アメリカの州名と州都名です。これはセットにして、音読して覚えてしまいましょう。

- **Denver, Colorado** [kὰlərǽdou]：
  コロラドには4000メートル級の山が54もあり、登山やハイキングで有名！
- **Austin, Texas**：テキサス州はLone Star Stateがニックネーム
- **Atlanta, Georgia**：
  オリンピックが開かれたので有名。南北戦争まで奴隷制プランテーションで栄える
- **Albany, New York**：
  ニューヨーク州は、大西洋、カナダ、オンタリオ湖とエリー湖に接する、米国の政治・経済・文化の中心
- **Salt Lake City, Utah**：モルモン教が盛んなことで有名
- **Phoenix** [fíːnɪks], **Arizona** [æ̀rəzóunə]：
  アリゾナ州にはグランドキャニオンがあることで有名
- **Santa Fe, New Mexico**：
  Native AmericanとSpanishの色彩を持つ観光業が盛ん
- **Sacramento** [sæ̀krəméntou], **California**：
  カリフォルニア州のニックネームはGolden State
- **Montgomery, Alabama** [æ̀ləbǽmə]：
  アパラチア山脈の南端に位置し、南北戦争の南軍の首都
- **Nashville, Tennessee** [tènəsíː]：人口の最大の都市はメンフィス
- **Hartford, Connecticut** [kənétikət]：コネティカット州の発音注意
- **Little Rock, Arkansas** [ɑ́ːrkənsɔ̀ː]：
  アーカンソー州も発音要注意で、クリントン元大統領の出身地。綿花の栽培で南部の名残を持つコーン地帯

13 スピーキング力・リスニング力UP：ナチュラルな英語を聞き取る極意とは!?

　ナチュラルな英語の会話では、ネイティブといえども**言い間違えたり、言い間違いを言い換えたり、やたら挿入が多かったり、文法や語法ミスをしたり**することも多々あります。また、ぼそぼそしたしゃべり方や、ものを食べながらの会話だと聞いているほうは聞き取りが非常に困難になり、その結果レスポンスに困り、コミュニケーションが失敗する可能性が高くなります。さらに、ナチュラルな英語では、organizationが悪く、ramblingにしゃべったり、キーアイデアがなかったりして、何を言っているのかよくわからないことも多いわけです。

　TOEIC試験のように、正確なニュースで使われるような英語ばかりに慣れていると、話が飛び回るポイントがはっきりしないナチュラルな英語が聞き取れなくなることが非常に多いです。資格検定試験の勉強をメインに英語力を身につけてきた人で海外滞在経験の少ない場合は、特にその傾向があります。

　そこで、ナチュラルな英語に対応できるリスニング力を養うには、状況によって何を言っているかを判断し**予測する「素養・勘による判断力」**が必要となります。対策としてはインタビュー番組を始めとするnaturally occurring conversationsを題材にトレーニングするのがお薦めです。

　そこで次に、ナチュラルな会話のコミュニケーション力をUPさせる攻略法を伝授いたしましょう。その方法とは次の通りです。

> **ナチュラルな会話でのコミュニケーション力UP攻略法**
>
> 1. 聞いてもわからなければWhat's your point?と述べる
> 2. 聞き取れなければ、相手にパラフレーズするよう述べる
> 3. 英会話は質問で必ず自分がリードする
> 4. レスポンスは相手の腰を折らずに発言を助ける

1 聞いてもわからなければWhat's your point?と述べる

　ナチュラルな会話では、まとまりが悪く、ふにゃふにゃと話すスピーカーが多いので、わからなければ話し手に自分でポイントをまとめてもらうのです。メッセージというのは要するにポイントだけわかればいいので、ナチュラルな英語の聞き取りの苦手なノンネイティブにはこの方法が効果絶大です。

　私がアメリカの大学院に留学したとき、日本人で5～6年留学している博士課程の生徒がティーチングアシスタントとして学部生に授業を教えていました。私が「生徒が何を言っているかわからず困ったことはないですか？」と聞くと、「ありますが、そのときはWhat's your point?と言って生徒にサマリーをさせればいいだけです」という返事。これには目からうろこが落ちました。

　実際、いくら英語の勉強をしても、人間同士のナチュラルな会話で相手のメッセージがすべてわかるということは母国語でもありえないでしょう。ですから、スピーキング力をUPさせるには、リスニング力にある程度の自信を持てるぐらいUPさせ、堂々と相手にポイントの説明を求めるぐらいの心の余裕がほしいものです。

2 聞き取れなければ、相手にパラフレーズするよう述べる

　パラフレーズは、語彙力の乏しい初級・中級者が身につけるべき技です。相手の言っていることがわからないときに、Pardon?と言うのでは、相手

はもう一度同じ発言をするだけです。その場合はCould you paraphrase that?と言うと、相手はわかりやすい言葉で言い直してくれます。さらにベターなのは、You mean 〜 ?と聞き手側がパラフレーズして確認することです。このほうが数段良いでしょう。

3 英会話は質問で必ず自分がリードする
4 レスポンスは相手の腰を折らずに発言を助ける

　リスニング力に自信がない場合は、会話においてできるだけ質問する側に回り、会話をリードするように心がけてください。相手がリードしていると、ネイティブのナチュラルな会話のペースになってしまって森に迷う可能性があります。できるだけ相手に主導権を取らせずに、あなたが誘導していけば、必要なメッセージだけ拾うことができるので会話が楽になります。

　質問のときも、**Like what?**、**In terms of what?**（どんな点で）、**Meaning**（つまり）、**For example?**、のように話の腰を折らずに誘導するやり方もあるし、相手の言葉を繰り返してSo you made it.のように言えば、そのサポートができてわかりやすくなります。このように、できるだけ相手のペースに振り回されないようにして、会話をリードできるように心がけましょう。

　とはいえこればかりに頼らずに、普段からリスニングの基礎体力をUPさせる努力をしなければなりません。

　そのための方法の1つとして、普段の日本語の会話でリスニング力を鍛える方法もあります。日本語の早口の人と付き合って頭の回転を速くしたり、発言がわかりにくい日本人と交流し「要するに〜ですね」とサマリーして確認しながら聞く習慣をつけ、推論力を鍛えたりする方法です。そして言語を問わず、自分はリスニング力が強いか弱いかを判断し、もし弱ければ謙虚にリスニング力をUPしていく努力を続けましょう。

14 数字の英語に強くなる！

　最後にもう1つチャレンジングなのが、「数字の英語」です。「**3583万6千**」(thirty-five million, eight hundred thirty-six thousand)、「**33億6726万**」(three billion, three hundred sixty-seven million, two hundred sixty thousand) など桁数の多い数字や電話番号を英語で言ったり聞いたりできるようになるためには、トレーニングが必要です。

　私の場合、この数字の英語に関しては日本でも日常生活で、電話番号を含めて必ず英語で言うようにしていたのですが、それでも1回目の留学のときには困りました。アメリカでは中古品の売買をすることがよくあり、掲示を貼っておくと留守電にメッセージが残っているのですが、そのときに相手が電話番号を言うスピードが速すぎて聞き取れず、何度も録音を聞き返しました。こういうときに数字がすぐキャッチできるように、自分だけでなく日常会話の相手にも、数字を英語で言ってもらって鍛えておくことが必要です。

　この点で、良いリスニングテストを作っているのがIELTSや英検1級・準1級で、特に対話式リスニング問題ではTOEICより難しい数字の聞き取りに関するリスニング問題が出題されます。こういう資格試験対策もトレーニングの1つにしてしまうとよいでしょう。

　そこで次に、資格検定試験をうまく活用して英語のコミュニケーション力を効果的にUPさせるための攻略法についてご紹介していきましょう。

15 コミュニケーション力UPのための対話式リスニング問題活用法

　英検やTOEICを始めとする資格検定試験の対話式リスニング問題のパターンは全部で7つあります。出題頻度が特に高いのは「**言外の意味（implications）**」を問う問題と、「**対話者のハプニング（特にproblems）**」を問う問題と、「**対話のトピック（topics）**」を問う問題です。その他のタイプは頻度が落ち、assumptions（前提となる発想）に関する問題以外は、使われる語彙、イディオムによってやさしくも難しくもなります。

　こういった対話式問題は、相手の話を聞き取るポイントやコツを覚えるヒントを多く含んでいるので、うまく活用すれば、スピーキング力、コミュニケーション力を効果的にUPすることができます。

　では、その7つのタイプについてご説明しましょう。

1. 言外の意味（implications）を問う問題
一瞬にして行間を読まなくてはならないため難しい問題と言えるが、このタイプは集中トレーニングすればかなりの成果が期待できる。

2. 対話者のハプニング（特にproblems）を問う問題
何らかの問題やハプニングが起こり、それは何かという問題で、これは英語資格検定試験すべてのリスニング問題に共通して最も多いタイプ。このタイプが単独で用いられた場合は比較的簡単であるが、idiomsを含む場合は難しい問題となる。

3. 対話のトピック（topics）を問う問題
What are they discussing [arguing about]? タイプの、話の大意をつかませる問題。問題レベルも簡単なほうと言える。

4. 次の行動を予測（predictions）させる問題
これは1のimplyタイプと同じく推論力がいる問題。中には難しいものもあるので、問題慣れする必要がある。

5. 対話者の意見・感想（ideas & feelings）を問う問題
語彙力と判断力の両方がいる場合が多い問題。正解の選択肢のポイントは他の語彙やイディオムでパラフレーズされているのが普通である。

6. 何かをする提案（suggestions）を問う問題
これもそれほど出題頻度は高くはなく、比較的やさしいタイプの問題と言えるが、対話に使われたイディオムや語彙がわからなければ解けないことが多い。

7. 対話者が前提としている条件（assumptions）を問う問題
これも出題頻度は低いが、最重要のimplicationsタイプの問題と同様、裏のメッセージを取る問題なので、問題慣れする必要がある。

　ご覧のように、**資格試験のリスニング問題を通して、相手の話をしっかり理解する能力を高めることができる**のです。さらに掛け合いを聞いたり解答を選んだりすることによって、**効果的なレスポンスの仕方を学ぶこともできます**。こういった7つのタイプの対話式問題トレーニングを通しても、効果的にコミュニケーション力UPができるわけです。

　ご紹介したのは対話式問題だけですが、これは他のセクションも同じで、スピーキング力UPのために活用することができる問題ばかりです。

　ただし、4択の問題を解くだけでは、単なるリスニング力UPになってしまいます。**ダイアローグを音読したり、シャドウイングしたり、リピーティングしたり、選択肢を読まずに自分で答えを言うようにするなどして、スピーキング力とリスニング力を同時にUPさせるアプローチで英語の学習をしていくのです**。

16 対話式リスニング問題を難しくする6つの要因とその対策

それではこの章の最後に、資格検定試験の対話式リスニング問題を難しくする要因について述べておきましょう。

1 Confusing な情報からの取捨選択

最初に述べたことを撤回したり言い換えたりする(reversal)パターンや、3つ以上の情報を与えて取捨選択させる(selection)パターンなどは、1回だけでしかも速い会話の中で対処するにはかなりのトレーニングが必要です。しかし、これこそ日本語の会話でも難しい、言語を問わずコミュニケーション力をUPさせるもので、非常に重要です。

2 行間を読まなくてはならない文脈

implications, assumptions タイプの問題はもちろん、suggestions, predictions, problems, ideas and feelings, topics タイプの問題 (p.155)においても、大人同士の会話において最低必要なレベルの「発言の行間を読む能力」が要求されます。英語のみならず日本語においても、素早く行間を読めるように日常から訓練しておきましょう。

例:"That's what happens when you put it off until the last minute!"(最後まで放っておいたらそうなってしまうのよ)というセリフを含む対話を聞きます。What can be implied from the conversation?(この対話から何が暗示されていますか)という問いに対して、The man should have done it sooner.(男性はもっと早くそれをしておくべきだった)という、行間を読んだものが正解となるような問題です。

3 未知の語彙・イディオム・句動詞・類語言い換え

対話式リスニング問題では、日本人の苦手な基本動詞・句動詞や、イ

ディオム、日常会話表現、類語言い換えが用いられることが多くあります。これらは英字紙に出てくるようなハイレベルの語彙ではないので、シャドウイングや音読を始めとする発信型の勉強法を行うことで補強ができ、リスニング力UPと同時にスピーキング力UPの効果が現れます。類語言い換えは、対話式のリスニング問題でもよく出題されます。

以下の例をご覧ください。

●例１：出張の経費の払い戻し手続きを行う際の会話です。
I'm sorry, but we can't **reimburse** you for that.（申し訳ないのですが、その払い戻しはできません）と言われるセリフが流れます。

　Question: What seems to be the problem?（問題は何か？）に対する答えは、He will not be able to **receive a refund**.（払い戻しを受けられないだろう）となります。ここからreimburse ⇔ receive a refundの言い換えを学び、発信に結びつけようという気迫で聞くと非常に効果的です。

●例２：映画の感想を話し合っています。But the way she **wrapped it up** didn't make any sense to me.（でも彼女の終わり方は私にはしっくりこなかったわ）というセリフが流れます。

　Question: What is the woman's opinion?（女性の意見は？）に対する答えは、The **ending** was not appealing.（終わりが魅力的でなかった）となります。ここでは、wrap up ⇔ end（終わらせる）、not make any sense ⇔ be not appealing（魅力がない）という、会話で非常によく使う言い換え表現を学ぶことができます。

このように、対話式リスニング問題では、シーンの中で表現の使い方がわかるので、スピーキングに即役立ちます。

こういった類語言い換えの練習や、行間読みの練習は、『改訂新版　英検１級100時間大特訓』『改訂新版　英検準１級100時間大特訓』（ベレ出版）で詳しく解説していますので、そちらもご参照ください。

4 音の連結、弱形の聞き取り

英語のリエゾンやリダクションフォームや1音節の単語など、日本語にない音の連結や弱形に慣れないと、リスニング（＝内容を聞き取る）以前に「ヒアリング（＝音を聞き取ること）」が難しいものです。句動詞・イディオム力補強と同時に、シャドウイングや音読を始めとする発信型トレーニングを行えば、効果的にスピーキング力とリスニング力を高めることができます。

5 トリッキーな選択肢（distractors）

資格試験では、受験者に誤答（distractors）を選ばせて問題の難易度を高めるといったことがよく行われています。時制、categorical answers（every, all, always, never, none などを用いていわゆる「言い過ぎ」の選択肢を作る）、sound confusion（似た音を用いて惑わせる）を始めとする様々なトリックが選択肢に用いられています。こうした問題を解くことは、1と同じく、しっかりと質問に的確に答えることができるようになるためのトレーニングになります。

6 速いナレーションと問題対処時間

検定試験では、対話のスピードが速いばかりでなく、各問題を解く時間が短いため、じっくり考えている時間はありません。careful, quick response型のリスニングを要求するTOEIC型のリスニング問題では、各問題を解く時間が短く、実際の会話で要求されるようなagilityと集中力が必要です。集中力を養い、頭の回転を速くする訓練と問題慣れの2段構えで克服しましょう。

以上、スピーキング力UPのためのリスニングスキルUPについて述べてきましたが、いかがでしたでしょうか。これらのスキルUPトレーニングは英検1級・準1級のリスニング問題にチャレンジすることで効果的に行うことができるので、できれば私の著書『改訂新版 英検1級100時間大特訓』『改訂新版 英検準1級100時間大特訓』（ベレ出版）をお読み

ください。
　こういったリスニング問題練習を通して学んだリスニングの着眼点を踏まえて英語の学習に励めば、より効果的に、英語の受信力のみならず発信力もグーンとUPしていきます。
　それでは皆さん、明日に向かって英悟の道を、
Let's enjoy the process!（陽は必ず昇る！）

Chapter 4

スピーキング力を
生まれ変わらせるための
リーディング力UPの極意

1 英語のリーディングとは一体何か!?

　英語のスピーキング力には、ライティング力やリスニング力やリーディング力などその他のスキルも同時にUPさせることが重要だということは先に述べました。人間のコミュニケーションというのは、situation dialogue（状況別会話）のような表面的な会話でない限り、結局コンテンツが一番の要素で、中身がなければ話したり書いたりできません。

　また、優れたプレゼンやライティングをするために、多くの文献を読んでリサーチすることが重要であるのは言うまでもありません。読解が苦手な人はリスニングも弱く、レクチャーやプレゼンを聞いて的確なレスポンスができないので、**一見あまり関係がないように見えるリーディングがスピーキング力やコミュニケーション力UPに非常に重要である**ことがわかります。私はよく「楽に読めるマテリアルのレベルまでリスニングできる」と言いますが、リスニングではリーディングのように後戻りできず、即座に情報を理解できなくてはならないので、**リスニング力をUPさせるにはリーディング力をUPさせる必要がある**のです。

　中級以上の英語学習者には、トップレベルの大学入学を目指して、受験勉強で英文読解力を鍛えた人が多いため、英語のスキルの中で、リーディングが一番苦手な日本人は比較的少ないようです。ところが英検1級やIELTSのようなハイレベルなリーディング問題を解くとなると、苦手な人が多いのです。

　そこで、英語の発信力UPに欠かせないこのリーディングがなぜ弱いのか、その改善法は何なのかについて考えてみましょう。そのためにはまず、英語におけるreadingとは一体何かを把握する必要があります。

　readとは、「**r**（転）＋**e**（出）＋**a**（開）＋**d**（断）」からなり、「**頭の中で思考を転ばせながら、最後に自分なりの解釈でこうであると断定する**」ことです。英英辞典（Oxford）によると、readは次のように書かれています。

> ① to look at and understand the meaning of written or printed words or symbols
> ② to go through written or printed words in silence or speaking them to other people
> ③ to find out about somebody/something by reading books, newspapers, etc.

　readには「**読んで理解する**」と「**音読する**」と「**必要な情報を文献から探し出す**」の3つの意味があります。1つ目は英検やTOEFLなどで要求されている読解力で、2つ目はTOEIC S&Wや英検2級にも出題されているスピーキング力と関連した「音読力」、3つ目はTOEICの読解問題などでも要求されている「パッセージから探し出す力」です。

　ここで重要なことは、listeningの場合はそれ自体にはunderstandが含まれていないのに対して、**readingはそれ自体にunderstandが含まれている**点です。つまり、漫然と読むだけでなく内容を**理解**し、**解釈**していなければreadしているとは言えず、それだけunderstandの要素が大きいのです。わからなければ質問ができる実際の会話と違い、readするときには書き手のせいでわかりにくくなった文章でも「**思考力**」と「**想像力**」を働かせて解読しなければなりません。それだけに「**背景知識**」と「**思考力**」の負荷が高く、これに試験問題で要求される**comprehend**［=fully understand something complicated or difficult(完全に複雑な内容を理解する)］が加わるとさらに負荷が高くなります。

　understandの意味は、"to know or realize the meaning of words, a language, what somebody says, how or why something happens, how it works or why it is important"です。つまり「**既知情報や経験からわかる、何らかの解釈をする**」意味合いが強く、様々な分野の知識や事柄の背景知識や経験値が高ければ高いほど、深く速くreadできるわけです。**リスニング**では、日常会話の聞き取りのように、**未知情報である短い発話を瞬時に理解する**「**瞬発力**」が重要なファクターですが、リーディングでは「**知識量**」と「**経験**

量」と「思考力」が重要です。そしてこれこそが、洗練されたスピーキングをするのに重要なファクターなのです。

　そこで、リーディング力UPには、入試英単語にあるような語彙の意味を覚えるアプローチだけでなく、新語も含めて様々な分野の語彙に関する長めの解説を読んで、しっかりその内容をつかむことが大切です。例えばaffirmative actionを「積極的行動」と覚えるのではなく、「マイノリティー優遇措置、差別是正措置のことで、機会の均等を保障し、雇用・教育・住宅や補助金の配分などで不利な立場に置かれてきた黒人・女性・少数民族などを優遇する措置」のようにボキャブラリービルディングすることが重要です。そして、こうした様々な分野の背景知識と語彙力がスピーキング力を数段UPさせるのです。

　ここで、リーディングが得意な人の特徴を整理しておきましょう。

> **英語リーディングが得意な人の特徴とは！**
>
> 1. 世界情勢を始めとする様々な出来事に興味（知識欲）が旺盛である。
> 2. 様々な学問分野に幅広い知識と興味を持っている。
> 3. 実際に使われた文脈を通して英単語を覚え、そのシンボルをつかんでいる。
> 4. 英語のレトリックを味わったり学んだりすることが非常に好きである。
> 5. 行間を読むことや抽象概念的思考が好きである。
> 6. 何事も推理したり推論したりするのが好きである。
> 7. 自分と異なる意見に対して耳を傾けることのできる心の広さがある。

　いかがですか。どれもスピーキング力UPと関係しているとは思いませんか。言語を問わず、常にニュース、ドキュメンタリー、クイズ番組、映画などで、情報を吸収しようとしている人や、様々な出来事や分野への知識欲が多く、それらを分析したり、他人とシェアしたりしようとする人は発信力が高いわけです。

　それではいよいよ、スピーキング力UPのためのリーディングについて述べていくことにしましょう。

2 スピーキング力UPのための リーディングの種類とは！？

リーディングには大きく分けて次の3種類がありますが、どれも異なる点でスピーキング力UPに役立ちます。

1 表現力UPリーディング

スピーキングやライティングで使える**運用語彙・表現力を高めるために、未知の語をチェックしたり、音読したり、書き写したりしながら行うリーディング**（reading for vocabulary building）。このリーディング法がスピーキング力UPにつながるのは言うまでもないでしょう。前述した、洋雑誌を毎日何時間も音読して下宿を追い出された大学生は、TIMEのように話すことができるスピーキング力を身につけました。また、NHKのビジネス英語講座をすべて80回ずつ音読してマスターした大学生は、ビジネス英語のダイアローグのように英語を話すことができました。私が本格的な英語の勉強を始めた35年前頃に読んだ『英語を書く』（ダイヤモンド社）に、「英文ライターになるには、読んだ英文でいい表現を見つけたら書き留めて、それをコレクションしたノートを作るべし」とあったように、情報を求めて速読ばかりしたり、ただ漫然と読んだりしているだけの「**受信型リーディング**」では発信力がUPしません。やはり一流の作家の英文から言い回しを、文学作品を味わうようにして会得していく「**発信型**」の姿勢が必要です。

2 分析的リーディング

リサーチなどの目的で分析的に読んだり、**文芸評論**（literary criticism）**をしたり、アーギュメント分析したりするリーディング**。検定試験の読解問題を解くために行間を読んだり、推論したり、比喩、類推、皮肉などの意図を汲み取ったり、大意をつかんだり、詳細な情報を探し出したりす

る**reading for problem-solving**も含みます。これによってポイントを整理しながら説得力のある論理的な英語が話せるようになり、大意をつかんでプレゼンのタイトルをつけたりするトレーニングにもなるので非常に有益です。また、文献のcohesion（文と文のつながり）やcoherence（論理の一貫性や段落の論理的つながり）の評価を行うことは、論理的な英語を発信する上で重要な役割を果たします。

3 プレゼン・演劇トレーニング用リーディング

　2007年に始まったTOEICのS&Wのスピーキングテストに音読問題が出題されることからもわかるように、**音読（reading for presentation）**はスピーキング力UPのために非常に重要です。音読により英語のリズム、文法、語彙表現などを体と頭とハートに覚え込ませることができるのです。特にプレゼンには重要ですし、演劇のトレーニングに効果的であるのは言うまでもないでしょう。私はTIMEのような語彙の豊富なニュース情報誌の記事をうまく音読できるかどうかで、その人の英語の年季と実力の判断ができると思っています。というのは、ナレーションでは200 wpm［＝word per minute］のスピードで読めるというだけでなく、"チャンク"つまり意味のまとまりを一気に読んでポーズ（長い、普通、短いポーズの3種類ある）を置き、かつキーワードにストレスを置いてメリハリをつける力が必要とされます。そのためには瞬時にして高度な英文の内容を理解できなければならないし、語彙が豊富でないと、1万語水準以上の語彙が頻繁に出てくるTIMEのような記事は音読できません。CNNニュースのアンカーのようなリズムのいい英語で音読するには、生の英語を聞き込んでかなりのシャドウイングトレーニングをする必要があります。日本の英語教育ではこの点をあまり重視していないようですが、英語の「発信力」UPには音読に力を入れることが重要です。

3 音読・黙読・速読とスピーキング力UPの関係とは!?

次によく話題にされる、**音読と速読（通常は黙読）**とスピーキング力UPとの関係についてお話ししましょう。「**音読**」は剣道の素振りやシャドウボクシングや筋力トレーニングのように「体育会系のトレーニング」と言えます。「読む、聞く、話す」を同時に行い、英語を体で覚え、頭で英語をしゃべるのではなく感覚的に、第2の天性（second nature）のように英語を話し、記憶喪失になっても英語が出てくるぐらい「染み込ませる」には、黙読より音読のほうが数段効果的と言えます。音読はtongue & lip lazinessをなくし、語彙・表現力がUPしやすいという効果があります。事実、洋雑誌1冊全部を3時間以内に音読するとなると、かなりの体力と集中力が必要です。ただし、音読では読書スピードには限度があり、斜め読みや拾い読みができず、リサーチやプレゼンやディベートのための情報収集には向いていません。

次に「**速読**」（通常は黙読）は、必要な情報を求めて読むやり方（**reading for information**）で、ある限られた情報を探し出し、何かいい情報を求めるために行う **skimming**（流し読み）や **scanning**（拾い読み）と、リサーチ目的のために膨大な量の情報や論旨を素早く理解しながら行う、一般的に「**速読**」と言われているものの2種類があります。これらはディベートやプレゼンをするための準備に重要なファクターで、これがないと人を説得できる議論ができないので、高度なスピーキングをする上で重要です。

私の場合、最初は松本道弘氏の『速読の英語』にかぶれてTIMEや百科事典や洋書などの速読ばかりしていました。しかしネイティブと話しているときに、発音がひどく間違っていて通じない（特に固有名詞）ことがあったり、情報量は増えても語彙表現力を始めとする英語の発信力があまりUPしなかったりして、速読だけではノンネイティブには必ずしも向

いていない学習法であると悟り、自分の声がヘッドフォンから聞こえてくる「キオークマン」を用いて「**音速読**」に切り替えることにしました。最初は200 wpmを目指し、徐々に300 wpmの速さで英字新聞、TIMEなどを音読できるように努力しました。

　母国語の場合は、まず幼児の頃は耳から情報をinputし、小学、中学、高校と授業やテレビ番組などで音声情報と活字情報を同時にinputしていき、段々と大人になるにつれて文字情報のinputが増えていくので、コミュニケーション力UPの見地から見れば非常にバランスの取れた語学の勉強法になっています。国語、社会、理科と様々なテクニカルタームを、学校の授業で「音声」と「活字」の両方で覚え、テレビ番組などを通じて様々な固有名詞の読み方も音声と活字情報の両方で覚えていくので、間違った読み方をすることはないわけです。

　とにかく、ノンネイティブの場合は「**音読**」と「**速読**」の両方をバランス**良く組み合わせて**、1日に音読を1時間、速読を1時間というふうに英語の勉強をしていく必要があります。「音読＆速読」ではなく「黙読＆速読」だと、話すスピードが遅く、表現力に乏しくなってしまいます。私の場合、300 wpm近くのスピードでTIMEやニューズウィークなどの英字誌を音読できるようにトレーニングした結果、200 wpmのスピードで社会問題について話したり、CNNニュースなどを楽にシャドウイングしたりできるようになりました。

　私は、英語教育において基本的には音読を重視していますが、速読に対してもこだわりがあり、その必要性を重視しています。

　英語の達人たる國弘正雄氏は「音読派」で、中学高校英語のテキストを暗記してしまうぐらい何百回も音読されたそうです。海外の異文化間コミュニケーションについて語ったときの國弘氏の英語は堂々として力強く、ネイティブの教授に見劣りすることのない存在感がありました。また同時通訳の草分けである西山千氏は、30年ほど前に英語教育について講演されたときに、英語文献をTIMEでも何でも、表現を覚えてしまうぐらい何度も何度も読み返すことの重要性を説いておられましたが、同

時に60歳を過ぎてからアメリカの速読コースを取られた「速読家」でもあります。

　以上をまとめると、「音読」と「黙読」は車の車輪の「前輪」と「後輪」の**関係**で、どちらが欠けてもいけない存在です。しかし、まだ英語を流暢に話せず口の動きの硬い、いわゆる英語の「素人」のうちは、「音読」も重視して「黙読」との比率を半々ぐらいにし、同時に**200 wpmの速さで音読する「音速読」にもチャレンジ**し、英語が何の意識的努力もせずとも自然に出てくるようになってほしいものです。年を取ってからでも黙読は楽にできますが、読んで理解する速度がかなり速くなってから音読に切り替えたのでは、自分の音読スピードの遅さにフラストレーションを感じて音読していられなくなる可能性大だからです。

　ニュースのシャドウイングを1日に1時間やったとしてもまだ発信の量が少なく、その遅れを取り戻すためにも、毎日ある程度の「音速読」のトレーニングが必要です。私は職業柄、英語を1日に数時間発信（CNNニュースやビジネス英語などのシャドウイングを1日平均30分、英語での授業、英語でのスタッフとの会話やEメールなど）していますが、それでも英語が日本語と同じ調子で自然に出てくるようになるのに若干のウォーミングアップが必要です。皆さんも毎日、「音速読」と「黙速読」の両方にチャレンジしていきましょう。

4 リーディング速度と英語力の関係とは！?

　一概に速読と言ってもスピードによって色々なレベルがあります。ここでは読書スピードを表すwpm［=word per minute］で、読書スピードと英語力との関係について述べていきましょう。ここでは、ある情報のみを探すための飛ばし読みではなく理解を伴う、一般に言われる「**速読**」について述べます。

Level 1（50 wpm）
　➡英文を読んでいるというより解読しているという感じ。遅すぎて全くストーリーに入れないし、文脈がつかめない。

Level 2（100 wpm）
　➡英検2級に合格するのに最低必要なスピード。語彙力もなく、国内のニュース（「NHKニュース7」の英語放送など）のリスニングにもついていけず、英字新聞や洋雑誌も読めない。

Level 3（150 wpm）
　➡英検準1級合格に合格するのに最低必要なスピード。ある程度の語彙力と背景知識があるので、英字新聞は大体読め、国内ニュースには何とかついていけるが、CNNニュースのリスニングにはまだまだついていけない。

Level 4（200 wpm）
　➡TOEIC950点突破や英検1級合格を狙うのに最低必要なリーディングスピード。洋雑誌はカバーツーカバーを読むのに5時間以上かかる。CNNニュースについていくのもまだ苦しい。

Level 5（250 wpm）
　➡英検1級余裕合格や、国連英検特A級合格や資格5冠を狙うのに最低必要なリーディングスピード。洋雑誌はカバーツーカバーを読むのに4時間以上かかる。CNNニュースに大体ついていける。

Level 6（300 wpm）
→ 平均的な英語ネイティブスピーカーが、普通レベルの文献を母国語で読む平均的読書スピードと言える。ハウツーものの本なら1冊3〜4時間で、洋雑誌ならカバーツーカバーを3時間以内で読むことができる。CNNニュースはエンジョイできる。

Level 7（500 wpm）
→ 平均的ネイティブスピーカーが、非常に読みやすい分野や自分のよく知っている分野に関して母国語の文献を速読するときのスピード。ハウツーものの本なら2時間ぐらいで、洋雑誌はカバーツーカバーを1〜2時間以内で読むことができる。速読家として最低必要なレベル。

Level 8（750 wpm）
→ 平均的ネイティブスピーカーの読書スピードをはるかに超えるスピードで、洋雑誌はカバーツーカバーを1時間以内で読むことができる。

Level 9（1000 wpm）
→ まさに「速読家」。

Level 10（2000-3000 wpm）
→ 超速読家のリーディングスピード。作者の言わんとすることに完全に「予測」が働くために豪速で読むことができる。

以上、リーディングスピードのみにフォーカスしてレベル分けをしてみましたが、今日のような「情報は力なり」と言われる情報化社会において、速いスピードで膨大な情報を処理することは非常に重要です。そのため、リーディング力の主要なクライテリアの1つとして、「読書スピード」が用いられるのはもっともなことでしょう。様々な情報を発信していくためにも、この「速読」を鍛えることは国際社会で活躍する上で極めて必要なことなのです。

5 英語のスピーキング力UPに「速読」は重要か！?

　「読解」とは、「言語による input と内容に関する知識を分析・統合する」ことです。これを効果的にUPさせるには、語彙、文法、イディオムの知識といった英語力だけでは不十分です。広く一般知識を身につけ、様々なトピックに関して「**問題意識**」を養い、また分析力、論理的思考力を鍛える必要があります。かつて私が資格3冠（英検1級、TOEIC満点、通訳案内士試験合格）レベルの英語力であった頃、歴史に詳しいが英検準1級レベルという人とH・G・ウェルズの歴史に関する洋書の読み比べをしたところ、その人のほうが圧倒的に速く理解度も高かったという経験があります。同様に、経済に詳しい英検準1級レベルの銀行員が、TIMEやニューズウィークの経済・ビジネス関係の記事をあっという間に読んで理解していたということもありました。このことは背景知識と問題意識の重要性を物語っています。

　大学入試においても、英語のスコアが全国トップクラスの生徒は、国語や社会のスコアも高い生徒、つまり読解力 in general（思考力、判断力）と幅広い知識を持った生徒です。リーディングの「極意」とは、「**人生経験、読書経験を活かして、著者の思考と教養レベルに合わせる（tune in）ことのできる高度な思考力と幅広い知識を持つ**」ということです。さらに、英語のリーディングの場合は、「**英語国民の発想、言語文化（languaculture）も吸収できる柔軟な思考力が必要**」になります。その意味で、英語圏の映画をたくさん観て、英米の文化を「疑似体験」を通じてオーディオビジュアルに input することも重要になってきます。

　従来型の日本の英語教育が英文読解を重視してきたため、難関大学入試を突破してきた人はTOEFLやTOEICでも、リーディングセクションはリスニングやライティングと比べると少ない努力でスコアをUPさせています。これらが示すのは、「読解力」UPにフォーカスした日本の大学入試勉強は、リーディングに必要なインテリジェンスを鍛え、幅広い知識を身につけるのに役

立っており、その結果、我々日本人には「**教養ある英語を発信**」するための素地ができているということです。

　私が英語の文献を2000-3000 wpmのスピードで読めるときは、完全に著者の言わんとすることが予測できる場合です。アメリカの大学院に留学中、リサーチのために参考文献を1000ページ以上集めておいたのを読んでいたとき、似たような内容の文献が多かったので段々と加速度がついてきて、1500 wpm以上のスピード（40万語ぐらいを5時間以内）で読めた記憶があります。

　「速読」にとって最も重要なのは、「背景知識力」と「予測力」です。同じ分野の類似したトピックについて集中的に読んだり、自分が常日頃から考えている専門分野について読んだりした場合は、「**予測**」がどんどん働くので、豪速で読めるようになることがあります。また、リサーチ目的であれ何であれ、自分が興味を持って読みたい、知りたいと思っている場合はどんどんとスピードがUPしていきます。そしてこの「**超速読**」こそが、**優れたライティングやディベートやプレゼンをするのに必要な要素**なのです。

　TIMEのようなニュース雑誌が3つのコラムに分かれており、各コラムが6〜7語の語数になっているのは、「縦読み」ができるようにするためです。人間のアイスパン（一瞬で目に入る幅）というものを考えて、まず1行を1秒で読んだとすると大体400 wpmのスピードになり、洋雑誌を大体2時間ぐらいで読むことができます。これはネイティブの平均的読書スピードを300 wpmとすると、「速読」と言えますが、一番レベルの低い速読です。これに対して、アイスパンが1秒に3行、つまり20語ぐらいの場合は1200 wpmとなり、約40分で読め、平均してこのスピードで読めれば、かなりの「速読家」と言えます。

　しかし、本格的な速読、つまり真の速読 "telepathic reading" が始まるのはここからです。背景知識の豊富だけでは1200 wpmが限界で、2000 wpm以上で読むためには、作者の言いたいことが手に取るようにわかり（tune in）予測できなくてはなりません。故に4000 wpmで読めるようなレベルの人は、真の「速読の達人（mind reader）」です。TIMEのように多くのライターが書いている場合はかなり困難ですが、1人の作家が書いてい

る本なら、背景知識が豊富で作者の意図を「見切れば」、「読まなくてもわかる」ようになり、どんどんと読むスピードが速くなっていきます。そしてこれこそコミュニケーションに必要な人の言わんとすることを察知する能力（mind reading）です。

　それから最後になりましたが、もう1つ「発信力UP」に重要なことは、リーディングを通してのインスピレーションです。これは私が **"inspit"** と呼んでいるもので、本を読んでいるときに、何かひらめいたり発明したりするタイプのリーディングで、inputをしているときにinspirationがプット湧く（outputしているときにインスピレーションが湧く場合は"ouspit"）ことです。
　グローバリゼーションが高まる中、物真似をするのだけではなく、独自のものを生み出す必要性がどんどん高まっているので、そのヒントを得るためにリーディングを行うアプローチです。読書をしているときに何かアイデアがひらめいて、リーディングが前に進まないということがあるでしょう。そのときは、その瞬間を大切にし、アイデアの在庫を増やすようにしていきましょう。ソフトバンクの孫正義氏は1日に1つの発明をすることを自分に課したと言われていますが、これからの時代は、受験勉強を通して培われるintelligenceだけでなく、発明能力（ingenuity）が重要になるでしょう。

　以上が、英語の発信力、特にスピーキング力をUPするためのリーディングの極意です。
　それでは皆さん、明日に向かって英悟の道を、
　Let's enjoy the process!（陽は必ず昇る！）

Chapter 5

スピーキングを生まれ変わらせるための
語彙・表現力UPの極意

1 スピーキング力UPのための
　語彙・表現の8つの問題点とは!?

　英語のスピーキング力を一気に伸ばすのに、語彙力をUPさせることが重要なのは言うまでもありません。しかし、多くの英語学習者は、資格検定試験にパスすることを念頭にボキャブラリービルディングに励む場合が多いため、語彙力UPの姿勢が「受信型」で、努力の割に覚えた単語を使いこなせない人が多いのが現状です。そこで本章では、「発信型」でスピーキング力を数段UPさせるための語彙・表現力増強法について述べていきたいと思います。
　まず、その問題点を整理してみると、大きく次の8点になります。

語彙・表現の8つの問題点

1. 英和辞典の単語の意味につられて正しく語彙を使えない。
2. 文脈に応じた類語の使い分けがうまくできない。
3. 単語の結びつきを知らないので、正しく語彙を使えない。
4. 英単語の意味の広がりを認識していないために正しく語彙を使えないか、非常に限られた使い方しかできない。
5. 日常で使わないようなハイレベルな語彙はすぐに忘れてしまって、認識語彙（読んだり聞いたりした際にその意味がわかる語彙）にすらならない。
6. ネイティブの子どもが使える基本動詞・句動詞を使いこなせない。
7. 非常に使用頻度の高い日本語表現を英語でうまく表現できないので、英語での表現力に限界がある。
8. 外来語の弊害で英単語を誤用してしまう。

　中でも一番の弊害は、Chapter 2で述べたように「英和辞典」や「単語

集」によって単語学習をしているのが原因で、英単語について間違った認識をしていることです。英和辞典に記されている各単語の意味は、英単語に相当する（equivalent）日本語を示しているだけで、それがぴったり一致している場合が非常に少ないのです。にもかかわらず、学生のときからの習慣で、英和辞典や単語集の和訳で特に代表的な意味だけ読んでわかった気になり、例文やフレーズをあまり読まなかったりすると、英単語の**意味の広がり**（**semantic field**）がつかめません。そのため語感が養われず、幅広く正確に運用できず、英語を勉強すればするほど「英語音痴」になってしまう可能性があります。

　そこで、本章では、そういった問題を克服し、英語の4つの技能を同時に伸ばせるような最も効果的なボキャブラリービルディングのやり方をご紹介しましょう。

2 英英辞典の英単語の定義を読んで語感を鍛える！

　英語の語感を鍛えるのに効果的なのは、何と言っても「英英辞典」を活用することです。例えばtreatを「治療する」と覚えると、cureと混同してしまい誤用する可能性があります。「治療」という日本語はあいまいで、cureは完治しているのに対し、treatは治療を施しただけで治ったとは言っていません。また、「嗜好品」を和英辞典で引くと、luxury goodsと英訳されていますが、luxuryは「贅沢品」のことで、好みを表すfavorite items（嗜好品）とは異なります。

　こういった意味のずれから起こる英単語音痴を矯正するには、英英辞典を1000時間ぐらい使い、語感をかなり養う必要があります。

interesting/sincere/modestの真の意味とは！?

　では早速ですが、下のクイズにチャレンジしてみましょう。次の英単語にマッチする英英辞典（Oxford）の定義を下の選択肢から選んでください。

---

1. interesting
2. sincere
3. modest

（A）honest and saying only what you really think or feel
（B）attracting your attention because it is special, exciting or unusual
（C）not talking much about your own abilities or possessions

　皆さんいかがですか。意味のずれを感じませんか。正解は1.（B）、2.（A）、3.（C）です。

まず、1. interestingは日本語訳の「興味深い」よりも意味が強く、unusual [=different from ordinary]、つまりいい意味で「普通ではない」ので、日本語の**「個性的」**に近いことがわかります（びっくりしませんか？）。2.のsincereも**「うそのない、正直な、本当の、心からの」**という意味を持つ語ですが、よくある日本語訳の「誠実な」の意味は英語ではtrustworthyやreliableとなり、英語と少しずれがあります。同様に、3. modestと「謙遜した」の間にもニュアンスのずれがあります。英語のmodestは「自分のことを自慢げに言わない」だけで、日本語訳の「謙遜」のように、実際より自分を下に言うのとは違います。

tactfulとvainの真の意味とは!?

　次に、tactfulとvainの意味を考えてみてください。英和辞典の日本語訳と英英辞典の定義とを比較してみると、次のようになります。

単語	英和辞典の意味	英英辞典の第一義の解説
tactful	機転の利く、如才ない	(Oxford) careful not to say or do anything that will annoy or upset other people
vain	虚栄心の強い、見栄を張る	(Longman) too proud of their good looks, abilities, or position

　どうでしょうか。やはり意味のずれを感じませんか。tactfulは日本語訳の「機転が利く（＝物事に応じて機敏に心が働くこと）」とは大分異なり、「人を不快にさせたり怒らせたりしないようにする」人のことなのです。また、「如才ない」の意味は、広辞苑によれば「手抜かりがない、気が利く、愛想がいい」で、これもtactfulとずれがあります。英英辞典の定義からしっくりくる日本語は、**「気配りができる」**あたりではないでしょうか。ちなみに、「機転の利く」に近い英語には**resourceful** [=good at finding ways of dealing with problems] があります。

　vainも、「虚栄心の強い、見栄を張る（＝うわべを繕って必要以上に自分をよく見せようとする）」という英和辞典の訳とは大分異なり、**「自分の容姿や能力を過信している状態」**なのです。往々にして、見栄っ張りとい

うのは、他者は自分より良いと思い、自分はその基準に見合っていないと思って無理をしてしまう場合が多いので、「自分のことを良いと思い過ぎている」というvainの意味とはずいぶん違います。

このように、英和辞典の意味は英英辞典の意味とずれがある語が多く、これが英和辞典の限界でもあります。

proudの真の意味とは!?

proudの英英辞典 (Cobuild) の意味は、

> feel pleased about something good that you possess or have done, or about something good that a person close to you has done

とあるように、自分が持っているものや自分、あるいは自分に近い者の行動に対して「良いと思ってとっても満足している状態」です。よく親が子どもをほめて、I'm so proud of you!と言いますが、それは「よくやって嬉しいわ！」に近いのです。また、proudの「誇る」という意味の用法も、英英辞典 (Cobuild) に "have respect for themselves and does not want to lose the respect that other people have for them" とあるように、「自尊心が高く、また人からも高く評価されていたい気持ち」を表します。「気高さ」を感じさせる日本語の「誇り」とは少しずれています。

geniusの真の意味とは!?

geniusと「天才」をそれぞれ辞書で引いてみましょう。

> **genius**: (Longman)　someone who has an unusually high level of
> 　　　　　　　　　intelligence, mental skill, or ability
> 　　(Cobuild)　a highly talented, creative, or intelligent person
> 　天才：(広辞苑)　生まれつき備わった優れた才能を持っている人

「天才」は努力をしなくても生まれついた才能で何でもこなしてしまう

人、つまり英語で言うgiftedに近いのに対して、英語のgeniusは、どんなに努力をしてもいいから、長期に渡る汗と涙の結晶として「卓越した力」があればいいわけです。これがわかると、有名なエジソンの言葉の意味がクリアになってきます。

"**Genius** is one percent inspiration and ninety-nine percent perspiration."
この格言を通してエジソンが言いたかったのは、「偉大な才能とは1％はひらめきで、残りは努力して開発されるものなのだよ」ということであり、日本語の感覚「天才」で直訳してもしっくりこないわけです。

embarrassの真の意味とは！？

よくあるembarrassの日本語訳「当惑させる」も誤解のもとです。英英辞典(Longman)では、to make someone feel ashamed, nervous, or uncomfortable, especially in front of other peopleで、正しく説明すれば「**恥ずかしい思いをさせて不安な気持ちにさせる**」の意味です。

learnの真の意味とは！？

learnと「学ぶ」はどう違うでしょう。英英辞典(Longman)によると、learnとはto gain [=get more and more of a quality, feeling etc.] knowledge of a subject or skill, by experience, by studying it, or by being taught、つまり経験から学んでもいいし、独学であってもいいし、教わってもいいし、とにかく有益なスキルや特質を身につけていくことです。

それに対して、「学ぶ」は広辞苑によると「教えを受ける、習う」とあり、英語のlearnより意味が狭いことがわかります。

さて、英英辞典で語彙を学ぶことがいかに有意義か、わかっていただけたでしょうか。ぜひ、英英辞典をまめに引いて語彙増強に努めましょう。

3 類語の使い分けに要注意!

　次にもう1つ、スピーキング力・ライティング力をUPするのに不可欠な**運用語彙**(話したり書いたりする際に使うことのできる語彙)力UPに極めて重要な類語の使い分けと、そのコロケーションアプローチについて述べていきたいと思います。

　日本人の語彙力での大きな問題の1つとして、単語の的確な使い分けが苦手だということが挙げられます。高校卒業までに習う4千語水準ぐらいまでのいわゆる「基本単語・準基本単語」でも、使い分けができていない人が多いのです。私は英検1級講座を33年、通訳案内士講座16年、工業英検1級講座を13年以上教えていますが、実際、資格3冠や5冠(英検1級、TOEIC満点、通訳案内士試験、国連英検特A級、工業英検1級など合格)の上級者でさえ、そういった基本的な語の使い分けのミスが多く見られます。

　そこで、ここでは、高校で習う4〜5千語までの基本語の使い分けについて見ていきます。まずは次の問題にチャレンジしてみてください。

Questions: 次の日本語を英語で言ってみましょう。
①彼の顔はすぐに**わかった**が、名前は思い出せなかった。
②彼に利用されているのが**わからない**の?
③彼女はクラシック音楽が**わかる**年齢だ。

　いかがでしたか。全問わかりますか? 全部わかれば類語の使い分けはまずまずの上級者です。わからない人は、選択肢(appreciate, see, recognize)から選んでみましょう。これなら中級者であれば簡単にわかるでしょう。正解は次の通りです。

①I **recognized** his face at once, but I couldn't remember his name.
（recognize：以前に知っていたものだとわかる、聞いたことがある、見たことがある）
②Can't you **see** he's taking advantage of you?
（see：自然に物事の本質・原因がスーッと見えてくる）
③She is old enough to **appreciate** classical music.
（appreciate：物事の価値や良さを正しく理解する、評価する）

他にも「わかる」を表す単語はいろいろあります。これをレベルごとにまとめたのが下記の表です。基本動詞（1000語水準）はspoken English（口語英語）の「核」と言えるもので、次に2000語、3000語水準ぐらいまでが日常会話でよく用いられる「話し言葉」の限界値と言えます。そして、それ以降は段々と硬い語になっていき、難関大学入試レベル（5000語水準）の語は「書き言葉」になっていくのがおわかりでしょう。

＜「わかる」を表す動詞＞

語彙水準	「わかる」グループ
1000語水準（中学卒業レベル）	get, understand, tell, catch, learn, see, make out, find out, know
2000語水準（高1レベル）	follow, realize, notice
3000語水準（高2レベル）	appreciate, recognize, figure out
4000語水準（高3レベル）	detect, identify
5000語水準（難関大学入試レベル）	comprehend, perceive, grasp

まず**understand**は、「状況・人の気持ち・物事の意味・仕組み・理由などを理解する、了解する」という意味です。これに対して日本語の「わかる」は、understandにない「**区別できる**」「**判断できる**」などの意味があるので、「災害はいつ起こるかわからない」は、You can never **tell** when a disaster happens. となります。今まで漠然としていたものが現実のものとしてわかるという意味では、**realize** the importance of peace（平和の

重要性がわかる）のように**realize**を使います。また、これも使用頻度の高い**get**は、まさに口語で「話のポイントや状況・理由などをすぐにつかむ」という意味で、**follow**は「（話などに）ついていき、説明がわかる」という意味です。この他に、You'll **find out**.(そのうちわかるさ［会話・経験などから明らかになる］)、I can't **figure out** how to solve the problem.(その問題をどう解決したらよいかわからない［考えて答えや解決策を見つけ出す］)も重要です。

さらに、noticeは**notice** the problem（その問題に気づく）のように「感覚器官を用いて存在に気づく」ことで、この硬い表現のperceive「微妙なものに気づく」は、**perceive** the difference（違いに気づく）のように使います。identifyは「本物・本人であることがわかる」の意味で**identify** the criminal（犯人を割り出す）のように使い、graspは「複雑な意味・状況・コツなどをしっかり把握する」という意味です。comprehendは「複雑な事柄やことの重要性を完全に理解する」の意味で、**comprehend** the question（質問の意味を理解する）のように使います。

ネイティブが最もよく使う1000語水準の「基本動詞」(get, understand, tell, catch, learn, see, make out, find out, know)だけ見ても、その意味が違うことがわかりますね。

いかがですか、いかに類語の使い分けが重要であるかがおわかりいただけましたか。我々日本人は、日本語については20年以上もかけて膨大なinputを行い語感を養っているので、使い分けが自然にできますが、英語では語感があまり養われていないため類語の使い分けが難しいのです。英語で類語の使い分けが必要なグループは全部で300以上ありますが、特に重要なもの100に関しては、私の著書『発信型英語　類語使い分けマップ』『英検1級英単語大特訓』（ベレ出版）をお読みください。

さてここで、発信力UPのために、使い分けに注意しなければいけない類語グループをまとめました。注意して見てみましょう。

●使い分けとコロケーションに要注意の形容詞グループ10

<重大な> **serious** +「ミス・病気・問題・災害・被害」<悪い意味で「重大」>（×**important** は良い意味で「重大な」）
<穏やかな> **calm** +「声・天候・海・声・態度」など
　　　　　 mild +「気候・性質・罰」など
<正しい・適切な> **correct** +「答え・情報・記憶・計算・説明」など
　　　　　　　　right +「答え・時間・場所」など
<激しい> **violent** +「風・攻撃・怒り・痛み・抗議」など
　　　　 acute [**keen**] +「空腹・痛み」など
<濃い> **strong** +「スープ・酒・コーヒー・シロップ・酸」など
　　　 dense [**thick**] +「霧・雲」など
<薄い> **weak** +「お茶・ビール・光」など
　　　 thin +「霧・コート・髪・ビール・ワイン」など
　　　 light +「色・ビール」など
<かたい> 使い分けが厄介！
　　　　 hard +「岩・肉」など
　　　　 tough +「革・肉」など
　　　　 firm +「信念・筋肉・決心」など
　　　　 stiff +「肩・文体・筋肉」など
　　　　 solid +「基盤・投資・岩・燃料・食べ物」など
<広い> **wide** +「部屋・口・割れ目・知識・経験・道路」など
　　　 broad +「心・肩幅・知識・経験・道路」など
<狭い> **narrow** は「肩幅・額・定義」には使えるが、
　　　 「知識・世界」などには **small, limited** を使う
<深い> **deep** は「洞察力・愛・罪・悲しみ・色」などに使えるが、
　　　 反対語 **shallow** はそれらに使えない

さて、いかがでしたか？　これらは日本語のコロケーションで考えると、英

語では使い方を間違いやすい例です。ではその反対に、日本語の意味の幅よりも広くて、様々な語と結びつく形容詞についても見ておきましょう。intelligent（賢い）はその典型的な例で、人間だけでなく様々な語と結びつきます。

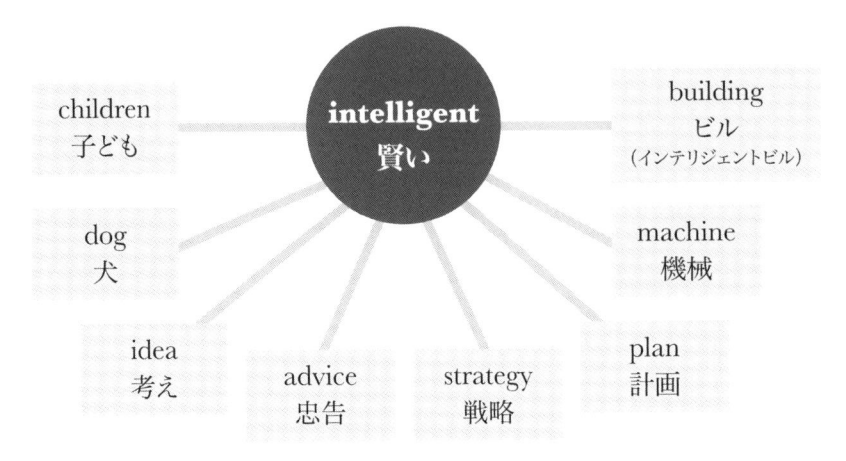

- **intelligent 賢い**
  - children 子ども
  - dog 犬
  - idea 考え
  - advice 忠告
  - strategy 戦略
  - plan 計画
  - machine 機械
  - building ビル（インテリジェントビル）

● 様々な語と結びつく！ 便利な形容詞グループ10

<あいまいな> vague ＋「態度・しぐさ・記憶・約束・目的」など
<主な> main [primary] ＋「テーマ・関心事・メンバー・産業・意味」など
<明らかな> obvious ＋「理由・計画・立場・事実・欠陥」など
<いい加減な> sloppy ＋「答え・判断・仕事・英語・労働者」など
<厳しい> severe ＋「教師・規則・顔・批判・罰・天候・競争」など
<強い> strong ＋「意志・エンジン・経済・布地・壁・体」など
<純粋な> pure ＋「金・シルク・ワイン・地・動機・学問」など
<特別な> special [particular]（何でもOK）
<便利な> useful [convenient] ＋「道具・本・情報・仕組み・助言」など
<静かな> quiet ＋「生活・場所・音楽・性格・声・態度」など

いかがでしたか。英語の表現力は、英単語をフレーズで記憶した数がものを言います。ぜひ、コロケーションを意識しながらまとめて覚えていきましょう！

4 英単語は画像を見ながら
　フレーズを音読せよ！

　語彙がなかなか覚えられないというのは、英語学習者の皆さんに共通する悩みですが、それは効率の悪いボキャブラリービルディングをしているからだと言えます。次の方法なら、なかなか覚えられない単語もあっという間に覚えられて、しかも忘れることはありません。その方法とは、Googleの画像検索ページで覚えにくい単語やフレーズを入力して、画像を見ることです。何百とある画像をどんどんとスクロールして見ていくと、その単語のイメージがつかめ、右脳記憶が定着します。どんな単語でも、そのイメージが感覚でわかるようになり、脳裏に深くイメージが刻まれ、語彙が定着するのです。理想を言えばそのときに、その単語がよく使われるフレーズ（コロケーション）を音読すれば、話したり書いたりするときに使える**運用語彙**にもなります。例えば、次の例をご覧ください。

●rigorous training
　（厳しい訓練）

- avid fans
  (熱狂的なファン)

- vehement protest
  (激しい抗議)

- impassioned speech
  (情熱のこもった演説)

● intricate design
　（複雑なデザイン）

● fervent prayer
　（心からの祈り）

　いかがでしたか？　これらはそれぞれの単語の画像を 1 枚見ただけですが、それでも数段覚えやすいはずです。こうすれば、TIME やエコノミストなどの雑誌をエンジョイするのに必要な英検 1 級レベル以上の難しい語彙も効率良く増やすことができます。

📖 ボキャブラリー頻度・英語資格検定対照表

ここで、ボキャブラリーの使用頻度と、各種検定試験のランク、そしてネイティブ理解度の相関関係について述べたいと思います。以下の表をご覧ください。

使用頻度レベル	各種検定試験ランク	ネイティブ理解度	ボキャブラリー
1	英検2級 / TOEIC 500点	90%理解	mature, luxury, rural, legal
2	TOEIC 640点 / TOEFL iBT 58点 / IELTS 5点	85%理解	subtle, apparent, decent, harsh, investigate
3	英検準1級 / TOEIC 760点 / TOEFL iBT 72点 / IELTS 6点	80%理解	clarify, expire, induce, exquisite, drought, defective
4	TOEIC 860点 / TOEFL iBT 84点 / IELTS 6.5点	70%理解	implication, intriguing, rigorous, intricate, coincide
5	英検1級(平均) / TOEIC 950点 / TOEFL iBT 100点 / IELTS 7.5点	65%理解	bleak, preclude, arid, ruthless, retribution, plight, rampant, esoteric
6	英検1級(上級) / TOEFL iBT 110点 / IELTS 8点 / GRE 157点	60%理解	exhilarating, cataclysm, flamboyant, attrition, expedite, flagrant, scourge
7	TOEFL iBT 116点 / IELTS 8.5点 / GRE 162点	50%理解	nefarious, exuberant, anathema, egregious
8	GRE 166点	40%理解	alacrity, decrepit, truculent, recalcitrant, chicanery, subterfuge
9	GRE 168点	30%理解	ineffable, cantankerous, effrontery, equanimity, inimical
10	GRE 170点	20%理解	temerity, blandishment, vitiate

まず、使用頻度レベル１の語彙は、大体、英検２級レベル（TOEIC 500点）の認識語彙です。米国人ネイティブ（米国への移民や不法滞在者などの非ネイティブも含む）の９割が理解していると思われます。レベル２と３のボーダーラインは５千語水準、つまりやや難関と言われる大学入試を突破できる語彙レベルです。レベル３と４のボーダーは６千語水準で、トップの難関大学、英検準１級語彙問題の平均レベルです。レベル４の中間は７千語水準で、英検準１級合格レベルで、TOEICで860点が取れ、簡単な洋書なら読むことができます。レベル４と５のボーダーは８千語水準で、英検１級合格に必要な最低レベルの語彙レベルで、英字新聞はかなり楽に読め、TIME やニューズウィーク、エコノミストといった高度な英字誌は、未知の単語を推測しながら大体理解できるようになります。レベル５の中間は９千語水準で、英検１級語彙問題の平均レベルです。レベル５と６のボーダーは１万語水準で、国内の英字新聞ならレベル６で楽に読めますが、まだまだTIME・洋書では未知の語がどんどん出てくるでしょう。レベル６と７のボーダーは1.3万語水準で、TIME・洋書も大分クリアに読めるようになり、７と８のボーダーは1.5万語水準で、米国大学院入試GREの語彙問題で高得点が取れるようになってきます。８と９のボーダーは２万語水準で、最後の９と10のボーダーと同様、ネイティブの理解度２〜３割という非常に高度な語彙です。このレベルまで来ると、TIME・洋書を読んでも分野別語彙以外はほとんど未知の語がなくなってきます。

　こういった**ハイレベルの語彙**までも楽に身につけられるようになるのが、先ほどご紹介した、**画像による「イメージアプローチ」**です。また、それと同時に、**どうしても覚えにくくて意味の狭い語彙は「記憶術」を利用する**のも一案です。例えば、類語である **gaunt**（やせこけた）、

haggard（やつれた）、**emaciated**（衰弱した）は「ゴオーント　やせこけ」「歯がー 抜け やつれ」「い！飯えい　と投げつけ　衰弱する」とギャグでも作ればすぐに覚えられるでしょう。

　さて、こういったボキャブラリービルディングによって文献を読むのは楽になってきますが、それでは運用語彙は身につかないので、英語の「発信力」はUPしにくいものです。そこで同時に重要になってくるのが、次の多義語の学習です。

5 「多義語」はシンボルをつかめば自由自在に表現力数倍UP！

　英語の実力をUPさせる上でボキャブラリービルディングが非常に重要であることは誰も異論がないところでしょう。しかし、一口に語彙増強と言っても、大きく分けると2つの方法があります。1つは「**語彙数**」をどんどん増やしていく方法で、もう1つは語彙の数ではなく「**深さ**」、つまり「**多義語**」の知識を増やしていく方法です。

　「語彙数」アップのボキャブラリービルディングは、市販されている語彙教材のほとんどのアプローチで、よりレベルの高い単語の数を増やしていこうというものです。英検1級や通訳案内士などの資格検定試験合格や、TIMEなどの洋雑誌や英字新聞をあまり苦労しないで読めるようになるために必要な、約1万5千～2万語水準程度の語彙を身につけていくことを目標としています。これらの高度な語彙は、使用頻度が低く、多くの学習者にとって「難しい」ものというイメージが定着していますが、語彙のレベルが上がれば上がるほど意味の種類は少なくなっていくので、コンセプトがつかみやすい語と言えます。

　一方、「多義語」の知識を増やすというのは、5千語水準ぐらいまでの語、特に日本人が英語学習を始めてから高校2年くらいまでに習う3千語水準までの単語の意味・用法の知識を深め、「知っているようで知らない単語」を洗い直すことです。日本人は大学受験の勉強で、多くの単語を知っているように見えますが、その理解は浅く、実際はそれらを使いこなせていません。洋画を観ていて、「単語は簡単なんだけど、なぜかいまいちピンとこないなあ」と思ったことはありませんか？　ネイティブ同士の会話を聞いていて、何やら簡単そうな単語が聞こえてはくるのによくわからない、といった経験をしたことはありませんか？　そこに「**多義語**」の真髄があります。

　というのも、英語の最も大きな特徴の1つに英単語の「**多義性（polysemy）**」があるのです。1つの単語に何十という意味・用法があることもあります。例

えば、lineには39もの意味・用法があります。またopenのように、1つの単語に動詞、名詞、形容詞など複数の品詞の意味・用法を持つものも多いのが英語では当たり前で、特にこれは中学や高校の低学年までに習う「基本2000語」に言えます。これは英語が「発信の合理性」を重視していることを物語っており、少ない語彙数でもコミュニケートできるようになっています。その反面、「受信」という見地から見れば非常に「文脈依存的(high-context)」で、冠詞や代名詞などで意味を限定するという意味では「文法構造重視型」であることを表しています。

英語は、その多義性によって言葉の「連想ゲーム」のように意味がどんどん展開していき、その結果、無数の意味・用法が生まれていきます。

表現力数段UP！ lifeの多義性をマスター！

例えばlifeの多義性について見てみましょう。lifeは原意が「生命」からスタートして、次の図のように意味が展開していきます。

生気、活気（観念的）／活力源、生き甲斐（観念的、主観的）／人生、この世（哲学的）などは抽象観念的、つまりU（不可算名詞）ですが、それに対して、抽象的とも具体的とも決めかねる場合があります。例えば、「生き物」を集合的、抽象概念的にとらえるとUですが、「生きている人」ならば数えられるのでC（可算名詞）となります。

```
                生き物
        (creature - animal, plant, humanなど)

実物(life size)              生気、活気(energy, spirit)

人の生き様、伝記         生命        活力源、生き甲斐
(biography, life story)    life       (energy, spirit)

生活(a way of living)        人生、この世(the world)

              一生、生涯、寿命
        (life, time, life span, career)
```

「命」にしても、「命というもの」と観念的、哲学的にとらえるとU、具体的に事故が起こって何人かの「人命」ととらえるとCとなります。「人の一生」についてもしかりです。「生活」にしても抽象概念的にとらえるとUですが、様々な暮らし方があって、形容詞をつけて具体的にとらえるなら、a happy lifeのようにCになります。

　そこで、こういった自然科学的な英語をマスターするには、言葉を抽象的・観念的、宗教・哲学的にしようと思えばUを使い、具体的・分析的・現象的にとらえようとするときはCを使って区別する、いわゆる「合理主義的発想」を体得しなければなりません。

　これらの単語は、日本人が英語学習を始めて、初級・中級レベルの間に習う２、３千語レベルの単語から５、６千語レベル（大学入試レベル）の単語に多く見受けられます。この２、３千語レベルの単語というのは、多くの日本人英語学習者にとってなじみ深く、「知っているつもり」になっている単語なのですが、実際には意味が多く広がりもあるため、意外とわかっておらず使えない単語が多いのが現状です。これらを自由自在に使いこなせば、その５倍から６倍の３万語にも匹敵するようなボキャブラリービルディングが可能になります。

重要多義語名詞をマスターすれば
スピーキング力が数段UP！

　英語の単語に意味が20以上あるものがあるということは、**英単語は日本語で言えば「漢字」1字に相当する**ようなものです。そう考えれば、漢字を2字以上の組み合わせで覚えることが多いように、英語もできるだけフレーズで覚えるのがよいということが理解できるでしょう。

　例えば、groundとfieldはそれぞれ漢字の「地」と「場」に当たりますが、例文のカッコに入るのはgroundとfieldのどちらでしょうか？

---

1. We hope to find some common (　　) as a basis for agreement.
（合意するにあたり、何らかの共通点を見つけたいものだ）
2. The Republicans have been gaining (　　) in the opinion polls.
（世論調査では共和党員に分がある）
3. The article says nothing new — it just goes over the same old (　　).
（この記事にはなんら新しいところはなく、同じ古いことを言っているだけだ）

　いかがでしたか？ 3つの例文のカッコに入るのはすべて**ground**です。groundの基本の意味は漢字1字で表すと「地」で、そこから「地表」「土壌」「土地」、狩猟地や漁場、競技場のような特定の目的に用いられる「敷地」「用地」、「見地」「下地」「接地」などの意味が生まれ、**cover a lot of ground**（広範囲に渡る）、**the middle ground**（中道）、**common ground**（意見の一致）、**break new ground**（新分野を切り開く）、**get off the ground**（始まる）、**gain [lose] ground**（優勢になる [衰える]）、**stand [hold] one's ground**（反対されてもある考え方を支持し続ける）のように幅広く使えます。

　これに対して**field**の基本の意味は「場」で、そこから「農場」「広場」「野球場」「油・鉱石の出る場→鉱山・油田」「磁場・重力場」「作業場」「戦場」「競技場」などの意味が生まれ、以下のように使われます。

- He's well known in the **field** of ancient history.
  （彼は古代歴史学で著名だ）
- The company is already way ahead of the rest of the **field**.
  （その会社は既に競争相手を抜いている）
- The buildings obstructed our **field** of vision.
  （それらの建物が視野を妨げた）

この他にも重要な多義語名詞を補足しておきます。
- **heat**は「熱」「暑さ」で、「興奮」「さかり」。
- **notice**は「注意」を引かせるために、「予告」「提示」する。
- **power**は「力、能力、体力、知力」のある者が「権力」を握って「政権」の座につき「強国」を作る。
- **calendar**は日本語の「カレンダー」よりも意味が広く、「日程表」「年間行事表」の意味がある。
- **round**は「1周回る」ところから、「巡回、全範囲、1ラウンド、弾1発、酒などの全員への行き渡り」などの意味が生まれる。
- **station**は「serviceするところ」から「発着所、署、局、持ち場、停泊所」などの意味が生まれる。
- **material**は「素材」から「材料、題材、用具、人材」などの意味が生まれる。
- **return**は「返す［帰る］こと」から「帰還、復帰、返却、返品、再発、返礼、返事、投資の見返り［利益］、答申、納税申告」などの意味が生まれる。

また、attitude, situation, conditionなどの語は、単なる「態度」「状況」「状態」という意味だけでなく、その語単体で他にも重要な意味を持ちます。例えば**attitude**は「生意気な態度」、**situation**は「困った状況」、**condition**は「悪い状態」の意味になります。会話でよく使われるのがHe has an attitude.で、これだけで「彼は態度が悪い」という意味になるのです。

このように、基本単語は日本人の英語学習者が知らないような重要な意味・用法をたくさん持ち、そして非常に重要なものが多いのです。

これらの多義語を効率良く覚えて使いこなすためには、ここまで見てきたように**「連想ゲーム」的**に意味を発展させて覚えるとよいでしょう。

●重要多義語動詞をマスターすれば
　スピーキング力が数段UP！

　今度は、スピーキング力UPに重要な多義語の動詞を見てみましょう。よく知られている意味以外に実は重要な用法を持つ単語があります。例えば、champion（支持する）、doctor（改ざんする）、track（クラス別編成クラスに入れる）、bill（宣伝する）などのように、単語を聞いてすぐ思いつく意味以外の用法が重要になってくるのです。

　それでは、多義語クイズにチャレンジしてみましょう。英文の空欄にあてはまる動詞を下の選択肢から選んでください。

---

1. The company (　　　) job applicants.
   （会社は求職者をふるいにかけた）
2. He (　　　) the storm to save you.
   （彼は嵐をものともせずにあなたを助けにいった）
3. These bonds (　　　) last month.
   （これらの国債は先月に満期になった）
4. The man (　　　) many phone calls.
   （男性は電話対応をこなした）

＜選択肢＞ fielded, screened, braved, matured

＜解答＆解説＞ **1. screened　2. braved　3. matured　4. fielded**
　いかがでしたか、意外な意味に戸惑ってしまいましたか？
　まず1にはscreenedが入ります。screenは「テレビやパソコンの画面」やふすまなどの「仕切り」の意味でお馴染みの単語ですが、例文のように動詞の場合は求職者を「選別する」の意味で使われます。
　2の答えはbravedです。形容詞で「勇敢な、恐れない」の意味を持つbraveは、動詞で使われると「（逆境に）勇敢に立ち向かう、ものともしない」の意味で、まさに死を恐れず戦うサムライのイメージが思い浮かびま

すね。

3はmaturedで、動詞で使われると保険や手形が「満期になる」の意味になります。

4の答えはfieldedです。動詞では「うまく処理する、候補者を立てる」の意味があり、他にfield a ball（打球をさばく）、field a question（質問をさばく）、field a candidate（候補者を擁立する）のように使われます。

他にもたくさん重要な多義語フレーズがあります。音読して使えるようにしておきましょう。

□ The school **tracks students** every month.
（学校は毎月**生徒の能力別にクラス分け**を行っている）
□ Japanese cars have **flooded the market**.（日本車が**市場に溢れている**）
□ The TV program is soon to **be adapted for film**.
（そのテレビ番組はすぐに**映画化される**ことになっている）
□ **doctor** her passport（彼女のパスポートを**改ざんする**）
□ **stagger office hours**（勤務時間をずらす）
□ **stretch their budgets**（予算をやりくりする）
　他に、**stretch** the truth（真実を誇張する）も重要。
□ **be sweeping through Moscow**（モスクワ中に蔓延している）
　他にも、**sweep** the election（選挙に圧勝する）、**sweep the light** across the bay（湾中にライトを走らせる）などがある。
□ **have failed to honor its promises**（約束を果たせなかった）
　他にも、**honor** a contract（契約を守る）、**honor** a check（手形を引き受ける）などがある。
□ **Words failed me.**（言葉が出なかった）
　他にも、The bank **failed**.（その銀行は倒産した）、His heart **failed**.（彼の心臓が止まった）、The crops **failed**.（不作だった）、You **failed** me.（あなたは私の期待を裏切った）などがある。

さてここで、英語の基本であるアルファベットを、少し違ったアプローチで見てみましょう。

📖 アルファベットの意味をつかめば、語彙力が加速的にUP！

speak, write, listen, readのそれぞれの解説で紹介してきましたが、英単語のコアをつかみ、英単語を体感し、特に覚えにくい短い単語を身につけるときに役に立つのが、アルファベットの意味を知ることです。そこで、それぞれを漢字1文字で表現することによって、各文字のイメージを最も効果的につかむという画期的なメソッドをご紹介します。イメージをつかむと、スピーキングでも間違った語彙を使って不自然な英文を話すことがなくなります。

A：「開」ウアーと広がり、先に向かう (expand, demand, land, farm)
B：「爆」バンと叩いて壊れる (break, blow, bomb, blast, burst)
C：「閉」クッと中へ閉じ込め固定する (contain, close, choke, charm)
D：「断」ドンドン下へ落ちて断絶する (down, drop, dump, divorce)
E：「出」2つの物がドンドン伸びて飛び出す
　　　(extend, meet, echo, exert)
F：「舞・火」ファーッと舞い上がる (fly, fire, float, flame, flare, flirt)
G：「集」グイッと引き寄せる (get, grab, grip, greed, guzzle)
H：「揚」力を加えて高く上げるフレー！ 胴上げのイメージ
　　　(honor, hail, heave, hectic, hype)
I：「鋭」ぴったり合って細長くなる鋭敏さ (両手を引っつけたイメージ)
　　　(initiate, inside, instinct, institute, intricate)
J：「突」圧力を加えるとジューッと飛び出す (jet, juice, jut, jubilant)
K：「蹴・挙」味方を守り敵を蹴り飛ばす (keep, kick, knife, kill)
L：「伸」緩んで伸び伸び (long, loose, slack, late, release)

M:「満」ドンドン増えて固まる(mountain, mammoth, maximum)
N:「否」何もなくなるゼロと新生(nothing, nature, naked, new)
O:「円・王」丸く全体的に統一する円の境地
　　(organize, orchestra, order, origin, oval)
P:「噴」ピューッと噴出！(push, penetrate, plunge, puke, press)
Q:「縮」キューッと圧力を加えて縮小する
　　(quench, squeeze, squash)
R:「転」力強く回転して元に戻る(around, rotate, range, return)
S:「進」どんどん進んでいく(sound, speak, sing, search, success)
T:「定」まっすぐ高く立てる(tower, institute, statistics, tomb)
U:「絶・限」限界まで達し、絶滅する(nuclear, cut, ultra)
V:「活」活力でファーッと飛び出す(violence, vivid, vital, virtue)
W:「曲」曲がりくねる(wrinkle, wring, wind, wiggle)
X:「固」交わり固定する(fix, mix, sex, orthodox)
Y:「緩」ヨガのように弛緩し広がってゆく(yell, yawn, yearn, yard)
Z:「熱」激しく揺さぶる情熱(zenith, zeal, zest, zip, zap)

　いかがでしたか？　これで特に短くて覚えにくい単語が数段覚えやすくなるはずです。さらに、これを組み合わせて、scr, fl, fr, gr, gl, sp, st(r), wr, cl, crなど様々な音素の意味が生まれてきます。

6 基本動詞を制覇し、口語と書き言葉の変換をマスター！

　アルファベットの次に重要な英語の「基本中の基本」は、「基本動詞」の習得です。verbとはa word or group of words that describes an action, experience, or stateのことですが、句動詞を含むという点で前置詞（副詞）も包括し、状態を描写するという点で形容詞の働きもします。事実、1.（S＋V）　2.（S＋V＋C）　3.（S＋V＋O）　4.（S＋V＋O＋O）　5.（S＋V＋O＋C）の英語の5文型に代表される英文の構造から見て、英語で動詞が非常に重要であるのは言うまでもないでしょう。

　英語は、主体「S」（何らかの人・物・事）が、対象「O」（何らかの人・物・事）に働きかける「V」（「力」と「方向」）を描写する「因果関係」を明確に示す「S＋V＋O」構造を重視する言語で、動詞の運用力が英語表現力UPの大きな要素となります。

　中でも、世の中で起こっているほとんどの現象を表現できるget, give, have, be, take, make, put, go, comeの9つの基本動詞と、on, off, in, out, through, up, down, over, to, away, aroundなどの前置詞（副詞）を完全マスターすることが極めて重要です。日本語の「得る」と英語の get、「する」とdo、「作る」とmake、「与える」とgive、「置く」とput、「取る」とtake、「行く」とgo、「来る」とcome、「なる」とbeなどは、両者間で意味・用法上多大な違いがありますので、これらを正しく深く認識し、使いこなせるようになることが英語学習の基本中の基本です。

基本動詞・句動詞をマスターして
スピーキング力UP！

　英語の語彙学習、つまり、発信力（表現力）UPと受信力UPのための語彙学習は、大きく2つに分けることができます。
①ハイレベルなwritten Englishボキャブラリーを覚える
②基本動詞（形容詞・名詞、特に動詞）や、前置詞と組み合わせた句動詞をマスターする

　特に②は、一見簡単に見えて、絶対に独学できないほど深淵であり、ほとんどすべての英語学習者を悩ませています。①に関しては数多くの英語図書が扱っていますが、②は、基本動詞のカバー率も低く、初心者向けの中途半端な本しか出版されていません。

　そこでここでは、非常によく使われる基本動詞と句動詞の用例をまとめておきます。まず、日常会話で最もよく使われるgetを見ていきましょう。**getをマスターすることは英語学習の第一歩、基本中の基本です！**

非常にパワフル！マルチなgetの正体とは！？

　まずは、**get**のコンセプトからです。getは、「**自分があるものに向かって（あるものを動かして）至る**」と「**あるものが自分に向かってくる**」を表す**双方向の動詞**で、大きく4つのグループに分けることができます。

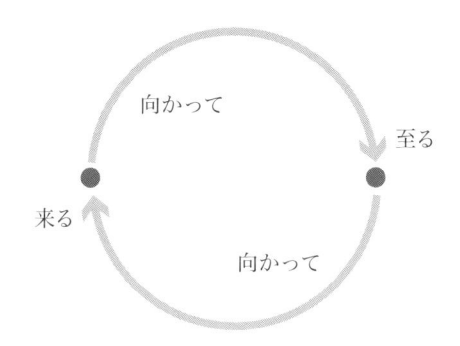

非常にパワフル！マルチな「get」を一気にマスター！

getは様々な意味を示します。次の各用法の英単語は、すべてgetの類義語です。

1．「得る」グループ
   obtain（獲得する）、**receive**（［もの・罰・放送を］受ける）、buy（買う）、catch（捕まえる、［病気に］かかる）、**understand**（わかる）、use（［乗り物を］利用する）、have（経験する）

2．「移動させる」グループ
   move/fetch（移動する［させる］・行って取ってくる）、**make**（〜の状態にする）、**persuade**（説得する）、start（始める［例］get going）

3．「至る」グループ
   become（なる）、**reach**（着く）、contact（連絡を取る）、**answer**（［電話などに］出る）

4．「(悪)影響を与える」グループ
   hit/harm/kill（やっつける）、irritate/puzzle（いらいらさせ当惑させる）、revenge（仕返しする）、trick（だます）

getの主な用例には次のものがあります。細字のものは簡単ですが、太字の中には知らないものもあるでしょう。

get a letter（手紙を受け取る）、get a ticket（チケットを買う）、**get 10 years in prison**（10年食らう）、**get Channel 9**（9チャンネルを受信する）、get an "A" in English（英語でAを取る）、get a cold（風邪を引く）、get stubbornness from my father（頑固は父譲りだ）、**get the boss**（ボスを電話に呼ぶ）、get tired（疲れる）、get to the station（駅に着く）、**get her to help me**（彼女に助けてもらう）、**get the phone**（電話に出る）、get the message（メッセージを理解する）

205

```
                    get a
       get the      letter
       message    (手紙を受
  get the  (メッセージを  け取る)   get a
  phone    理解する)            ticket
 (電話に出る)                   (チケットを買う)

 get her                       get 10
to help me                   years in prison
(彼女に助けてもらう)    get      (10年食らう)

  get to                      get Channel 9
the station                  (9チャンネルを受信する)
 (駅に着く)
                              get an "A"
                              in English
  get tired          get a   (英語でAを
  (疲れる)   get    cold      取る)
          the boss (風邪を引く)
         (ボスを電話
          に呼ぶ)
```

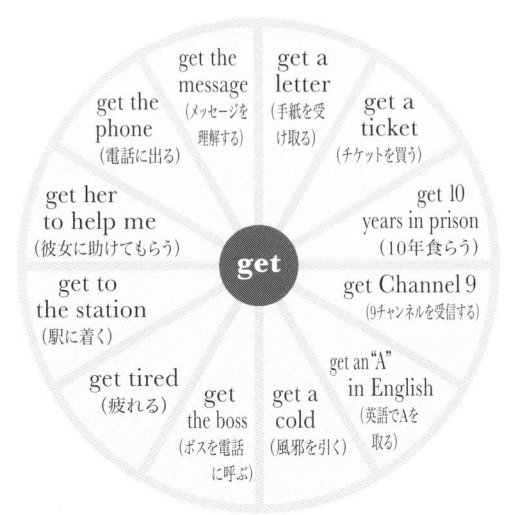

　いかがですか。非常に多くの意味を持つ、このパワフルでマルチなget の正体が見えてきたでしょうか!?

完全マスター！
非常に役立つ最重要get活用ランキング

さてそれでは次に、非常に頻度の高い用法を含んだ例文を通して、getをマスターしていきましょう。ランキングでgetの重要表現をご紹介します。

ランク1 誤解しないで！ ➡ Don't **get** me wrong!
ランク2 友達に誘われてこの道に入ったんです。
➡ My friend **got** me into this business.
ランク3 トムにしてもらった。➡ I **got** Tom to do it.
ランク4 いい弁護士紹介してくれよ。➡ **Get** me a good lawyer.
ランク5 テレビ直ったわよ！ ➡ I **got** this TV working!
ランク6 9チャンネルが映らないんだ。➡ We don't **get** Channel 9.
ランク7 ボスと電話で話せなかった。
➡ I couldn't **get** the boss on the phone.
ランク8 その問題には参ったよ！
➡ That problem has really **got** me!
ランク9 やられる前にやれ！ ➡ **Get** them before they **get** you!
ランク10 いつかこのお返しをするからな！
➡ I'll **get** you for this someday!

全部使いこなせるという方は、英会話の達人で、また洋画を字幕なしでエンジョイできるレベルです。何度も音読してgetを体得しましょう！

句動詞マスター！
非常に役立つ重要get活用ランキング

　getの句動詞にも少し触れておきます。以下の図をご覧ください。このように、getは前置詞（副詞）と結びつくと、次のようにさらに色々な意味になります。

＜getの句動詞とは！？＞

- along（仲良くする）
- in（選ばれる、帰宅する）
- through（乗り越える）
- away（去る、逃げる）
- out（漏れる、言う、出版する）
- over（回復する、処理する）
- off（終える、旅に出る）
- around（切り抜ける、旅する）
- down（書き留める、やつれさせる）
- across（うまく伝える）
- by（何とか暮らす）
- at（批判する、突き止める）

ランク1 **get in**：in（中に）と結びついて
→ enter（入る）、arrive（到着する）、be elected（当選する）の意味に

ランク2 **get away**：away（離れていく）と結びついて
→ escape from（逃げる）、leave（去る）の意味に

ランク3 **get over**：over（ぐるっと乗り越え）と結びついて
→ recover from（回復する）、overcome（克服する）、finish（ぐるっと乗り越え→終える）の意味に

ランク4 **get around**：around（周りを回る）と結びついて
→ avoid（周りを回って進む→「かわす」）、deal with（うまく処理する）、travel（行き回る）の意味に

ランク5 **get across**：across（横切る）と結びついて
→ communicate（メッセージを横切らせる→「伝える」）の意味に

ランク6 **get at**：at（地点）と結びついて
→ suggest（〜の点を狙っている→「意図する」）、find out（点を外に出す→「突き止める」）、criticize（点を狙っていく→「批判する」）の意味に

ランク7 **get by**：by（そばに）と結びついて
→ manage（そばにいる→「何とかやっていく」）の意味に

ランク8 **get down**：down（下に）と結びついて
→ write down（書き留める）、swallow（飲み込む）、depress（落ち込ませる）の意味に

ランク9 **get off**：off（離れて発つ）と結びついて
→ start a journey（旅立つ）、finish（終えて去る→「終える」）の意味に

ランク10 **get out**：out（外へ）と結びついて
→ publish（外へ本を出す→「出版する」）、utter（外へ声を出す→「言う」）、come to light（外へ出す→「明るみに出す」）の意味に

完全マスター！
役に立つget句動詞会話表現ランキング

では今度は、getを用いた句動詞の会話表現の重要表現をランキング形式で見てみましょう。

> **ランク1** Let's **get down** to business.（本題に入ろう）
> **ランク2** **Get out of** my way!（どいてよ！）
> **ランク3** I won't let you **get away with** it!（許さんぞ！）
> **ランク4** It's **getting out of hand**.（手に負えない）
> **ランク5** I can't **get over** her.（彼女のことが忘れられない）
> **ランク6** **Get around** the block!（障害物をよけろ！）
> **ランク7** That money **got** us **through** the financial difficulty.（その金で財政危機を切り抜けることができた）＊out of の代わりにthroughを使うと、困難を経験してきたが何とか乗り切ったという「時間的なプロセス」のイメージが出る。
> **ランク8** This book is hard to **get into**.（この本はとっつきにくい）
> **ランク9** Don't let it **get** you **down**.（落ち込まないで）

いかがですか？ どれも重要な表現ですので、ぜひ使えるようにしてください。

● スピーキング力UP
　その他の「基本動詞」クイズにチャレンジ！

　では、その他の「基本動詞」についても、クイズにチャレンジしてみましょう。コミュニケーション力UPに欠かせない基本動詞の用法を、クイズを通じて覚えてください。

　下の選択肢に合う動詞を選び、適切な形に変えてください。選択肢を見ないですぐに8割以上正解できた人は、もう基本動詞の使い方が板についている「日常英会話の達人」です。しかし、選択肢を見ても5割もわからない人は、まだ基本動詞の知識が非常に欠けると言えますので、何度も音読して基本動詞をしっかり身につけましょう。

1. My memory doesn't (　　　) that far.
   （そこまでは覚えていません）
2. This flower (　　　) the room.
   （この花があるから部屋が引き立つ）
3. Personality analysis according to blood types doesn't (　　　).
   （血液型性格判断は当たらない）
4. What do you (　　　) in this picture?
   （この絵のどこがいいの？）
5. They got (　　　) in the trouble.
   （彼らは面倒に巻き込まれた）
6. The young boy couldn't (　　　) a distinction between good and evil.
   （その少年は善悪を区別できなかった）

> ＜選択肢＞
> work, go, see, catch, draw, make

＜解答＆解説＞
1. **go**：「記憶がそんなに遠くまで行かない」から来た表現。ぜひマスター

してください。その他、I can't **go** any further.（これ以上はお話しできません）、**go** too far（やり過ぎる）、**go** public（公開される）、**go** to court（裁判にかける）も重要。

2. **makes**：**make**は「決め手となる重要なものを作り出す」イメージです。この他、Wine can **make** the dinner.（ワインで夕食が決まる）、**make** news in the small town（その小さな町で話題になる）、**make** the destination on time（定時に目的地に到着する）なども重要。

3. **work**：「働く」ではなく、目的にかなって「うまく機能する」と発想する。This medicine **works**.（この薬はよく効く）、**work** wonder［miracles］（奇跡を起こす）、**work** one's way through college（苦学して大学を卒業する）、**work** out a solution（解決策を出す）、**work** off stress（ストレスを発散する）なども重要。

4. **see**：この **see** は、What do you **see** in him?（彼のどこがいいの?）と同じ用法で、「何に価値を見出すのか」ということ。この他に、**see** if the answer is correct（その答えが合っているか確かめる）、The 18th century **saw** the American revolution.（18世紀にアメリカ大革命が起こった）も重要。

5. **caught**：**catch** のコアは「動いているのをサッととらえる」の意味。**catch** fire easily（燃えやすい）、**catch** her attention（彼女の注意を引く）、get **caught** smoking（喫煙を見つかる）、The lock doesn't **catch**.（ロックがかからない）も覚えておきましょう。

6. **draw**：**draw** のコアは「ゆっくりこちらに引き寄せる」の意味。the game **drawn** at 1-1（1対1の引き分け試合）、**draw** cheers（喝采を博す）、**draw** a bill（手形を振り出す）、**draw** tea（茶を煎じる）、**draw** a contract（契約を結ぶ）なども重要。

◉日本語の「なる」の英語は使い分けが重要！

　日本語の「なる」に相当する英語の動詞は、becomeの他にbe, get, make, go, come, run, fall, grow, turnなどがありますが、使い分けができますか？
　なるはなるでも**be**は「今その兆しが見えていてなる」場合、**become**は「今その兆しがないが、将来なる」場合、**make**は「その素質が備わっている」ことを表します。また、**get**は「一時的、外面的」になるのに対して、**become**は「内面的、永続的」になる場合に使います。ですからsickはget sick（気分が悪い）が圧倒的に多く用いられるのに対して、illはbecome ill（病気になる）のほうが多い（頻度はfall>become>getの順）わけです。この他にも、「悪くなる、〜化する」場合には**go**を使って、go mad［bankrupt, sour, stale, bad, blind, native, international］となります（「国際化する」はgo>becomeの頻度）。**run**は「悪くなる」の意味ですが、goとは違って「〜化する」の用法はありません。grow old［dark］のように「段々なる」場合は**grow**を用います（「年を取る」はgrow>getの頻度、「背が高くなる」はgetとgrowは同じ頻度）。紅葉（turn red）やプロへの転向（turn professional）のように「ころっと変わる」場合は**turn**、病気（fall ill［dead］）のように「知らない間に急に〜の状態に陥る」場合は**fall**、そして**come**は夢の実現のようにある到達地点があって「そこに近づいてついにそうなる」場合に使います。

◯ スピーキング力加速的UP 最重要基本動詞をマスター！

それではここで、ぜひ覚えてほしい最重要基本動詞を使った重要フレーズをご紹介します。どれも英語スピーキングの要とも言える動詞ですので、フレーズを何度も音読して、使えるようにしましょう。

take「取り込む・どこかに移動する・あるものを加える」
　take it easy（気楽に考える）、**Take** your time.（ごゆっくり）、The disaster **took** many lives.（災害は多くの命を奪った）、I can't **take** it anymore!（もうこれ以上我慢できない！）、You should **take** back what you said about me.（言ったことを撤回しろ）

do「ある目的を持って何かをする」
　do one's hair（髪をとかす）、**do** the dishes（皿を洗う）、**do** an article（記事を書く）、**do** the flowers（花を生ける）、**do** the room（部屋を片づける）、**do** business with 〜（〜と取引する）

give「何かを与え、与え過ぎてたわむ」
　give him an angry look（彼を怒った眼で見る）、**Give** me one week.（1週間待ってください）、**Give** it to me straight.（はっきり言ってください）、**Give** it all you've got!（全力でやれ！）

run「走る・走らせる」
　run a marathon（マラソンに出場する）、**run** on batteries（電池で動く）、**run** for the Presidency（大統領に立候補する）、**run** a bath（浴槽に湯を入れる）、**run** a red light（信号を無視する）

come「ある対象に近づいていく」
　My family **comes** first.（私は家庭が一番）、**come** to $100（合計100

ドルになる)、It's **coming** to me. (思い出しそう)、**come** around to your opinion (君の意見に従う)、The book is so hard to **come** by. (その本は非常に手に入れにくい)

put「あるものをある所・状態に置く」
put one's name on the paper (書類に名前を書く)、**put** the baby to bed (赤ちゃんを寝かせる)、**put** that in writing (書面にする)、**put** the team together (チームをまとめる)、**put** her up to it (彼女を陰で操る)

break「破壊、崩壊と誕生」
break one's promise [word] (約束を破る)、**break** the bad habit (悪習慣を断つ)、**break** silence (沈黙を破る)、**break** prison (脱獄する)、**break** a 1000-yen bill (千円札をくずす)

set「ある状態 (場所に) 固定する」
set a good example (良いお手本を示す)、**set** a new record (新記録を樹立する)、**set** a date for the meeting (会議の日取りを決める)、The broken bone will **set** in a month. (折れた骨は1か月でくっつくでしょう)

meet「出会う」
meet the deadline (締め切りに間に合う)、**meet** the demand [needs] (要求を満たす)、**meet** the conditions [requirements] (条件を満たす)、**meet** the tight schedule (きついスケジュールをこなす)、The class will not **meet** tomorrow. (明日の授業はありません [クラスの生徒が出会う日と発想しましょう])

hit「すばやく至る・達する、あるものにぶつかる」
The new product **hit** the market. (その新製品は市場に出た)、**hit** the

road（出発する）、**hit** the brakes（急ブレーキをかける）、**hit** a record high（過去最高記録を出す）

carry「何かを持って運ぶ、伝導する」
carry men's clothes（紳士服を取り扱っている）、**carry** a disease（病気を伝染させる）、The loan **carries** 1.5% interest.（ローンは1.5％の金利がつく）、I can't **carry** a tune.（私は音痴だ）、Your voice **carries** well.（君の声はよく通る）

hold「しっかり持って支える」
hold one's breath（息を殺す）、**hold** the line（電話を切らずに待つ）、**hold** one's tongue（黙っている）、**hold** one's liquor（酒に強い）、**hold** them responsible（彼らに責任を取らせる）

keep「あるもの（状態）をある期間そのままに保っておく」
keep a schedule（予定を守る）、**keep** the law（法律を守る）、This watch **keeps** good time.（この時計は正確だ）、keep the garden（庭の手入れをする）

いかがでしたか？　どれも中学校で習う基本動詞ですが、うまく使いこなせれば、スピーキング力がグーンとアップすること間違いなしです。

洋画は基本動詞・句動詞の宝庫！

洋画を用いて、英語の「核」である基本動詞（句動詞）を勉強するのは非常に効果的です。参考までに、洋画からピックアップした、表現力UPのためのお勧めのセリフをご紹介します。

☐ **Dinner can wait.**（夕食は後回しだ）

Chess will have to wait.（チェスは後だ）、The meeting can't wait!（会議は今やらなくてはならない！）のようなwaitの使い方がなかなかできないと、We have to hold a meeting now. などと言ってしまいそうですが、それでは切迫感が出ないでしょう。

☐ **Only time will answer.**（時が解決してくれる）

落ち込んでいるときや、ほとぼりがさめるまで待つときなどに使える素晴らしい表現。他に、Time will tell. なら「時が経てばわかる」となり、これもぜひマスターしたい表現です。

この他にも洋画から選んだ、ためになる面白い表現を挙げておきましょう。

☐ Do you **have** someone in mind?（意中の人はいるの？）
☐ One glass of beer isn't going to **kill** us.
 （ビール1杯くらい大丈夫）
☐ I'm gonna **go for** broke.（いちかばちかだ）
☐ I've **had it**.（もうたくさんだ）
☐ **Get** it **off** your chest.（本音を打ち明けて）
☐ The patient won't can **make it through** the night.
 （患者は今晩もたないだろう）
☐ What difference would it make?（それがどうしたんだ）

- ☐ Hang in there!（頑張って！）
- ☐ Let's put the incident behind us [out of our mind].
  （その出来事は忘れよう）
- ☐ **It won't hurt to give it a try.（だめもとよ）**
- ☐ If anything goes wrong, you're over.
  （もし何かまずいことがあれば、君はおしまいだ）
- ☐ **Save** your breath.（話しても無駄だよ）
- ☐ **You will pay for it.（バチがあたるよ）**
- ☐ **You mean a lot to me.（君は大切な人だ）**

　私は1980年頃から洋画研究を続けており、洋画を用いたセミナー・勉強会も1984年から30年近く行っています。ですから断言できるのですが、スクリーンプレイ社が「映画スターが英語の先生」と言っているように、英語の素養を身につけるのに洋画は非常に効果的で、特に基本動詞・句動詞を学んで表現力を数段UPするのに役立ちます。

7 誤解を生じる和製英語に要注意!

　日本語の日常会話で多用しているカタカナ英語は「和製英語」と言われ、外国では全く通じないものがたくさんあります。またsalarymanのように、かつては和製英語であったものが、普及したおかげで英語のボキャブラリーに昇格したものもあります。かつてのようにネイティブの顔色を伺いながら和製英語を使うのをやめるのではなく、和製英語の趣旨を説明して普及させるという「異文化間コミュニケーション」の態度も必要でしょう。これは日本文化を表す重要なものと見なし、和製英語をどんどんと使って普及させるパイオニアとなりネイティブに覚えさせるか、長いものに巻かれて使うのをやめるかです。

　では、ここでクイズに挑戦してみましょう！　和製英語を正しい英語で何個言い換えられるでしょうか？

---

1. バックミラー　　2. ブランド品　　3. コンセント
4. フロントガラス　5. グリーン車　　6. ワンルームマンション
7. プレイガイド　　8. ストーブ　　　9. ジェットコースター
10. フロント

＜解答＞

1. rearview mirror (back mirrorとそのまま言ってしまいがち。rearは「後部」)
2. name-brand items (brand goodsは惜しい！「ブランド」はname-brandと言う)
3. wall socket [outlet] (consentは間違い)
4. windshield (front glassは間違い)
5. first-class car [carriage] (green carのままはマズい)
6. a studio apartment (one-room apartmentで普及させるのもよいかも。

「マンション」をそのまま英語でmansionと言うと「億ション」の意味！）
7. ticket agency（play guide は間違い。風俗案内店のようなニュアンスになってしまう）
8. heater（stoveは間違いで「ガスコンロ」の意味）
9. roller coaster（jet coasterは間違い）
10. front desk（単にfrontでは通じない）

いかがでしたか？　かなり間違って使っているのがわかりましたか？以下に間違いやすい和製英語をリストアップしました。コミュニケーションで使う頻度が高いものばかりなので、覚えておきましょう。

	間違い表現	適切な表現
アフターサービス	after service	after-sales service
ボールペン	ball pen	ball-point pen
キャンピングカー	camping car（英語のほうが短くていい）	camper
コインランドリー	coin laundry	Laundromat
ダンスパーティー	dance party	dance
フライドポテト	fried potato	[米] French fries / French fried potatoes
ダンボール紙	dumball paper（全く違う）	cardboard box
ファミリーレストラン	family restaurant（ファミリーしか行けないわけではない）	restaurant
ガスコンロ	gas konro（コンロは日本語）	gas stove [range]
ホッチキス	Hotchkiss	stapler
ジョッキ	jock	mug
マジック	magic pen（魔法でも起こすのか？）	felt-tipped marker
オープン戦	open game	exhibition game
ペンチ	pench	pliers

ポット	pot	thermos bottle
リフォーム (建物)	reform (「服のリフォーム」はalteration。 「リサイクルショップ」もused shop)	remodel
ロープウエー	ropeway	suspension cable car
シュークリーム	shoe cream (これはよくジョークになる)	cream puff
シルバーシート	silver seat (これは逆に普及させたい)	seats for elderly people
トレーナー	trainer (コーチのように聞こえる)	sweat suits

8 話し言葉は「動詞的」、書き言葉は「形容詞的」！

　基本的に「**話し言葉**」は情報がfleeting（消えていく）なので、「**動詞**」を使って言葉数が多くなります。それに対して、「**書き言葉**」は紙面の関係や読み手が速く読めるようにとの配慮から、「**形容詞**」を用いて言葉数を少なくする傾向があります。例えば、「最近どう？」と聞かれて、「睡眠不足でね」をというのを話し言葉で言うと、**I'm suffering from a lack of sleep.** となりますが、書き言葉で言うと、sleep-deprivedの1語で表現できます。また、「運動不足で、食べてばっかりでお腹が出てきたよ」を話し言葉で言うなら、

1. I haven't been doing enough exercise.
2. I've been eating too much.
3. I've got a little potbelly.

のようになりますが、書き言葉だと **I've been a big-eating, underexercised potbelly lately.** と言えます。時間がないときには非常に便利（efficient）で、また知的でおどけた印象を与えることができます。

　また、「赤い屋根の車」を英語で言うとき、次の3つが考えられます。

1. **a car whose roof is red**
2. **a car with a red roof**
3. **a red-roofed car**

　1は、いわゆる受験英語でunnatural、2は、一般的な会話表現です。3のハイフンを用いて形容詞的表現となっているのは、technical writing、つまり書き言葉と言えます。同様に、

1. 「意志が強い」You have strong willpower.
2. 「コンピュータを使うのがうまい」You have a way with computers.
3. 「無公害車」This car does not cause pollution.

を書き言葉で言うとそれぞれ、**1. strong-willed**、**2. computer-literate**、**3. pollution-free** のようになります。このように、引き締まった英語を発信するために効果的なのが、ハイフン表現なのです。

9「ハイフン表現」で斬れる英語が発信できる!

　前述のように、ハイフン表現は引き締まった英語を発信するために、ぜひマスターしていただきたいテクニックです。日本語には「睡眠不足」のように漢字があって、引き締めて短く話すことができるのですが、英語でそれに相当するのが**「ハイフン表現」**の活用と、次に紹介する**「接頭辞・接尾辞」**の活用です。ハイフン表現を用いた例は非常に多いのですが、まずはハイフンに慣れていただくため以下のチャレンジに進みましょう。用意はいいですか？

ハイフン表現クイズにチャレンジ！
　以下の日本語に合う英語を、(　　)内の単語を用いてハイフンを使った表現にしてみましょう。
1. 資金集めのキャンペーン（fund）
2. 能力主義資金制（performance）
3. キャリアウーマン（career）
4. 返信用封筒（envelope）
5. 大阪本社の会社（company）
6. 燃費の良い車（fuel）

＜解答&解説＞
1. a **fund-raising** campaign
2. a **performance-based** pay system
3. **career-minded** women
4. a **self-addressed** envelope
5. an **Osaka-based** company
6. a **fuel-efficient** car

どうですか？　最初はかなり難しく感じると思いますが、ある程度のハイフン表現を覚えるとコツがつかめてきますよ。では、解答を見ながら主なハイフンタイプを紹介し、作り方のコツを順番に説明します。

　1のa **fund-raising** campaignは、raise fund「資金を集める」をもとに、動詞raiseをraisingと現在分詞に変え、ハイフンを間にはさんで表現しています。このような「**現在分詞**」型のパターンには、他の例としてa **coffee-drinking** companion（茶飲み友達）があり、主に「**AをBする〜**」（ここでは「資金を集めるキャンペーン」「コーヒーを飲む仲間」）という型になっています。
　「**現在分詞**」型でぜひとも覚えておきたいフレーズを挙げておきましょう。
□セルフサービスのレストラン　a **self-serving** restaurant
□エネルギー節約装置　an **energy-saving** devices
□産油国　an **oil-producing** country
　（「石油輸入国」なら an **oil-importing** country）
□ノーベル賞受賞作家　a **Novel prize-winning** author
□米作地帯　**rice-growing** areas
□英語圏　**English-speaking** countries
□自滅的な企て　a **self-defeating** attempt（defeat「負かす」）
□急成長産業　**fast-growing** countries
□身体にぴったりの服　**tight-fitting** clothes

　いかがですか？　どれもハイフンですっきりまとまっていますね。
　次に、2〜5は、2. a **performance-based** pay system、3. **career-minded** women、4. a **self-addressed** envelope、5. an **Osaka-based** companyとなっています。そうです！　もうお気づきですね。このパターンは「**過去分詞**」型で、主に受身形「**AにBされた〜**」という意味になる型です。2は-based「〜を基にした」の表現です。3の-mindedは「〜指向の、〜な考え方をする」という意味で、「同じような考えの人たち」なら**like-minded**

people、「教育ママ」は **education-minded** mothersと表現できます。4は **self-**「自分で〜する」という意味で、「自力で出世した起業家」は **self-**made entrepreneur、「自営」は **self-**employedのように表現できます。5は **-based**「〜に拠点のある」という意味で、**London-based** company（ロンドンを拠点とする会社）のように使います。

　その他の「**過去分詞**」型を挙げておきましょう。

□ニューヨーク生まれハーバード大卒の教授
　a **New York-born, Harvard-educated** professor
□学歴偏重社会　academic **background-centered**［**oriented**］society
□政府資金で行われる事業　a **government-financed** project
□元テレビタレントの政治家　TV **personality-turned** politician
□大学進学希望生徒　**college-bound** students
　（「東京行き列車」は **Tokyo-bound** train、「革装本」は **leather-bound** book）
□事故をよく起こしがちな運転手　an **accident-prone** driver
　（「よくミスをする事務員」なら **mistake-prone** clerks）
□エイズ関連の研究　**AIDS-related** research
　（「仕事上の事故」は **job-related** accidents）
□有益に使われたお金　**well-spent** money
　（「身なりの良い紳士」は **well-dressed** gentleman）
□旅慣れたビジネスパーソン　**widely-traveled** businessperson
□深く根づいた島国根性　**deep-rooted** island nation mentality
□新婚カップル　a **newly-married** couple

　「**過去分詞**」型の表現が身についたでしょうか。いずれもあなたの英語発信力をグーンと上げてくれる表現ばかりです。

　6はa **fuel-efficient** carで、これは「**名詞＋形容詞**」型です。その他の例を見ておきましょう。
□石油が乏しい国　**oil-poor** countries

□マスコミ嫌いの政治家　a **media-shy** politician
（「女性嫌い」なら **women-shy**、「カメラ嫌い」なら **camera-shy**）
□ジョークいっぱいの会話 **joke-rich** conversation

　この他にも、次のような「形容詞＋名詞」「名詞＋名詞」のパターンで作るハイフン表現があるので紹介しておきます。

● 「形容詞＋名詞」型
□危険性の高い賭博　a **high-risk** gamble
□机の上がきれいな人　a **clean-desk** person
□押し売り　a **high-pressure** door-to-door salesperson
□矢継ぎ早の質問　**rapid-fire** questions

● 「名詞＋名詞」型
□店を比較しながら一番安い物を買う
　comparison-shop for the best price

● その他
□腹を割った話　**heart-to-heart** talk
□一律賃金増額　**across-the-board** pay increase
□すべき仕事のリスト　**to-do** list
□二次会　**post-party** party
□金に困っている人を助けよう運動　a **help-the-needy** campaign
□動物愛護週間　**be-kind-to-animals** week
□人をすぐに笑わせる人　a **laugh-a-minute** guy
□すぐやる主義　**do-everything-at-once** policy

　いかがでしたか。ハイフン表現をマスターし、自分でどんどん作れるようになれば、斬れる英語を話すのが非常に楽になっていきます。

10 「接頭辞・接尾辞」で斬れる英語が発信できる！

「接頭辞・接尾辞」も、英語を話すのが遅い、教養派の日本人の英語をさらに格調高いものにするのに非常に効果的です。例えば「テクノロジーの進歩によって、電気自動車が普及した」というのを、Due to technological advancement, electric cars have become popular.と話すのでは間延びしてしまいます。「無生物主語(**S**)」＋**V**＋**O**の構文を用いて、Technological innovation has **popularized** electric cars.と引き締まった格調高い表現で言うとよいのです。この**-ize**は非常にパワフルで、様々な表現に使えます。

それではここで早速、下の英文を完成させてみましょう。ヒントは-izeを使った動詞を使うことです。用意はいいですか？

---

1. Computerization (　　　　　　　　　　　　　).
   コンピュータ化により社会は人間性を失っていく。
2. This method will (　　　　　　　　　　　　).
   この方法は教育に大変革をもたらすだろう。
3. (　　　　　　　　　　) your tasks.
   仕事に優先順位をつけなさい。

＜解答＆解説＞

1. **dehumanizes our society**
   dehumanizeは「人間性を失わせる、残忍にする」という意味で、War dehumanizes people.（戦争は人々を残忍にする）のように使えます。

2. **revolutionize education**
   revolutionizeは「革命的に変化させる」という意味で、revolutionize a distribution system（流通システムに革命をもたらす）のように使えます。

3. Prioritize

prioritizeは「優先する・優先順位をつける」という意味で、prioritize economic problems（経済問題を最優先する）のように使えます。

また、以下の表現もぜひ音読して使えるようにしておきましょう。
☐ His overseas experience **Americanized** him.
（海外経験により彼はアメリカ風になった）
☐ We need to **normalize** the strained relationship.
（ぎくしゃくした関係を正常化する必要がある）
☐ **Non-verbalize** your emotions.
（自分の感情を［ジェスチャーなど］言葉以外の方法で表現しなさい）
☐ **Itemize** your priorities.（優先項目を箇条書きにしなさい）
☐ They **robotized** the factory.（工場にロボットを取り入れた）
☐ **Intellectualize** yourself.（頭を働かせなさい）
☐ They tend to **romanticize** suicide.
（彼らは自殺を美化する傾向にある）

また、de- と -ize, -fy を組み合わせると、次のようにもっと引き締めることができます。
☐ **deintellectualize**　知的なものをなくす
☐ **deinfantilize** TV programs　幼稚になった番組を知的にする
☐ **de-Americanize**　アメリカ化したものをもとに戻す
☐ have a **demoralizing effect on me**　士気をくじく
☐ **detoxify** the soil　土壌の毒性を取り除く
☐ **dehumidify** the air in the summer　夏の空気を除湿する

この他にも out-, over-, under-, down- などを使って、次のように引き締まった英語にすることもできます。

● out-(～より…だ) をつけた表現
- □ A is more important than B. ➡ **A <u>out</u>weighs B.** ～より重要
- □ The number of A is larger than that of B.
  ➡ **A <u>out</u>numbers B.** ～より多い
- □ **<u>out</u>perform** ～より性能が優れている
- □ **<u>out</u>sell** ～より多く売る
- □ **<u>out</u>debate** ～を論破する
- □ **<u>out</u>smart** ～を出し抜く

● over-(～し過ぎる) / under-(より少ない) をつけた表現
- □ **overemphasize** 過度に重視する
- □ **overambitious** 野心的過ぎる
- □ **overconfident** 自信過剰の
- □ **overburden** 負担をかけ過ぎる
- □ **overdrink myself** 飲み過ぎる
- □ **overschedule myself** 過密スケジュールである
- □ **overpopulated** 過密の ⇔ **<u>under</u>populated** 過疎の
- □ **overstaffed** 従業員の多過ぎる ⇔ **<u>under</u>staffed** 人手不足の
- □ **overstatement** おおげさに言うこと
  ⇔ **<u>under</u>statement** 控えめに言うこと

● -fy / down- をつけて動詞化した表現
- □ **citi<u>fy</u>** 都市化する
- □ **gentri<u>fy</u>** 上流化する
- □ **detoxi<u>fy</u>** 解毒する
- □ **cruci<u>fy</u>** はりつけにする、責め苦しめる
- □ **countri<u>fy</u>** 田舎化する
- □ **downsize** 小型化する
- □ **downgrade** 軽視する、評価を下げる

11 パンチの利いた英語には英単語の比喩・イディオムを使え！

　TIMEやエコノミストのような英字紙やCNNニュースなどの英語放送を始めとする、読者や聴衆を引きつける読み物や放送は、比喩表現を巧みに使っています。これは英語学ではrhetoricと言います。素晴らしい英語は、読み手(聞き手)の中でイメージがパアーッと湧くように右脳に訴える(appeal to visual senses)もので、説得力があります。例えば「記憶力がいい」というのを、have a good memoryという代わりにhave a photographic memory [computer-chip memory]と言ったほうがインパクトがある、と考えるとわかりやすいでしょう。

　言葉はシンボルなので、メタファーをつかむには、英語・日本語でそれぞれのシンボルの違いを認識する必要があります。

　例えば、日本語の「手」と英語のhandの用法を比べてみましょう。「手」もhandも、非常に多くのイディオムを作ることのできる語です。

＜日本語の「手」と英語のhandとの違いは！？＞

	手【日本語】	hand【英語】
①	人手（手が足りない）	人手 (short of hands)
②	職業・役割（読み手）	×
③	所有（手中に落ちる）	所有・支配 (fallen into her hand)
④	技量・腕前（手合わせを願う）	技量・腕前 (green hand, old hand)
⑤	手段・方法（その手はくわない）	×
⑥	世話（手がかかる子ども）	×
⑦	方向（山手、上手）	×
⑧	種類（この手のものは嫌いだ）	×
⑨	援助（手を差しのべる）	援助 (give 人 a hand)
⑩	賞賛（拍手する）	（賞賛の）手 (give 人 a big hand)
⑪	×	筆跡 (write a good hand)
⑫	トランプの手	トランプの手 (hand of cards)
⑬	関わり（手を取り合って）	関わり (hand in hand)

<「手」とhandの共通点と相違点>

```
    ②  ⑤  ⑥              ①  ③  ④  ⑨
      ⑦  ⑧                ⑩  ⑫  ⑬           ⑪
```

日本語にしかない用法　　　　　　　　英語にしかない用法

　いかがですか。「手」もhandも、共に用法が多く、様々な慣用表現を作っています。多くの語彙を覚えるだけでなく、こういった多義語のシンボルをつかみ、その比喩・イディオムを駆使できるようになることが、英語のスピーキング力、ライティング力、リスニング力、リーディング力UPにつながるので、ぜひマスターしていきましょう！

　参考までに、英字誌でよく用いられる、斬れる比喩表現を挙げておきましょう。

□和平合意の立役者　the **architect** of the peace accord / the **architect** of European unity（欧州統合の立役者）
□政治情勢　a political **landscape** / a political **climate**
□手紙の殺到　an **avalanche** of letters
□将来に暗い影を落とす　cast a **dark shadow** over the future
　少しの疑いもなく　without **a shadow of** doubt
□一縷の望み（希望の光）　**a ray of** hope
□熾烈な競争　**cutthroat** competition
□画期的なプロジェクト　a **milestone** project
　国際協力の記念すべき出来事　a **milestone** in international cooperation
□文明の発祥地　the **cradle** of civilization
　議会政治の本場　the **cradle** of parliamentary government
□非難されて　**under fire**

□テレビゲームに熱中する　**be glued to** one's video games
□経済成長の原動力　the **engine** of economic growth
□幸福をつかむ手段　the **ticket** to happiness
□一連の考え、思考の脈絡　**a train of** thought
□世間の注目を集める　**come into the spotlight**
□遅々として進まない　**proceed at a snail's pace**
□電光石火の速さで　**with lightning speed**
□競争力を失う　lose one's **edge**
□世間を騒がす　**make a splash**
　世間を驚かす　**set the world on fire**
　ちなみに、「日本中の人を驚かせる」は raise eyebrows throughout Japan
□一世を風靡する　**be rage of the times** / **take the world by storm**
□監視委員会　a **watchdog** committee
　監視機関　a **watchdog** agency ／ 監視団体　a **watchdog** group
□視野を広げる　**broaden [expand] one's horizons**
□夢を追う　**chase rainbows**
□思考の糧　**food for thought**

　いかがでしたか。以上でスピーキング力UPのための語彙・表現力UP編はおしまいです。語彙・表現力UPのコツをおわかりいただけたでしょうか。この章で学んだ基本動詞の知識やフレーズは応用性が高く、あなたのコミュニケーションスキルを数段アップさせるでしょう。ぜひとも、読むだけでなく音読などで日々積極的に声に出し、身体で習得してほしいものです！
　それでは皆さん、明日に向かって英悟の道を、
　Let's enjoy the process!（陽は必ず昇る！）

Chapter 6

スピーキング力を生まれ変わらせるための英文法力UPの極意

1 スピーキング力UPに重要な英文法はこれだ！

　英文法力がスピーキング力をUPするのに重要なのは、言うまでもないでしょう。英語学習者を最も悩ませているのは、「**時制**」「**前置詞**」「**代名詞**」「**文型**」「**助動詞**」です。一方、発信力であるライティングでは、「**冠詞**」「**名詞の可算不可算**」「**時制**」「**接続語**」「**特殊構文**」「**前置詞**」などが重要です。この2つの共通要素は、「**時制**」「**前置詞**」です。

　リスニングで重要なのは、「**名詞の可算不可算**」「**助動詞**」「**仮定法**」「**時制**」などです。TOEIC（特にPart 2）ではそれらに弱いノンネイティブの特性を利用して、難問を作ることがあります。

　リーディングで重要なのは、「**比較**」「**接続詞**」「**特殊構文（倒置・省略など）**」「**前置詞**」「**文型**」「**比較**」「**分詞構文**」などです。これは日本の大学入試の英文読解問題を見てもおわかりでしょう。

　ということは、英語では、日本語の発想にはない「**時制**」「**前置詞**」「**可算・不可算性**」がいかに重要であるかが見えてきます。

　英語は「**時**」の**概念**（**tense**）、動作の起こった時間関係が明確ですが、日本語はアバウトです。英語は冠詞や名詞の「**可算性（countability）**」を重視しますが、日本語ではその考え方はなく、英語の可算性は英語学習者を悩ませています。また、英語は代名詞の「**所有格（possessive case）**」が明確ですが、日本語は代名詞（pronominal reference）は省略することが多いのも頭痛の種です。

　文体について見ると、英語は「**スタイル・リズム・統一感**」を重視しますが、日本語はそれらにこだわりません。さらに、英語は「関係代名詞（relative pronoun）」や「分詞（participle）」などで修飾していくために、1文が日本語よりも長くなります。

　そこで本章では、スピーキング力UPのために、英文法や日英の文法構造の違いを実践的アプローチで学んでいきます。

2 「時制」の基本は「現在形」を「現在」と見なさないことにある！

　日本語は中国語と同様に、「時制」の表現がファジーで適当であり、時を表す言葉で文脈的に時を表します。それに対して、英語の「時制」は明確であり、英語の時制を学ぶことは本当に哲学的・心理学的です。その深遠な時制を理解するためにはまず、文法用語がその理解を妨げ、誤解を招いているということを認識しなくてはなりません。

　まず「現在時制」は、英語で **the present tense** と言います。present とはもともと「**存在している**」という意味で、時間的に見た現在の地点や今起こっていることを表しているのではありません。例えば I keep a diary. I play tennis. と言えば、「目下、日記をつけているところ」「目下、テニスをしているところ」という意味ではなく、過去も現在も未来も「習慣」的に行っているという意味になります。また、話者の目の前に存在していたり、頭の中で生き生きと描くことができたりする場合にも現在形を使います。例えば、すでに決定している予定を言うときに、I go to America tomorrow.（明日、アメリカに行きます）と言いますが、これは話者や相手がその出来事を**鮮明にイメージ**できるので、現在時制を使っているのです。

　もし現地点を表して「目下している」と言いたいのであれば、「**現在進行形（the present progressive tense）**」を使って I'm now keeping a diary. や I'm now playing tennis. と言わなくてはなりません。now をつけないと、「今している」のか「今しようとしている」のかわからなくなってしまいます。というのは「何かをしている状態」は、遠い未来のことでない限り、現在と未来もつながっているからです。一方、「過去（past）」は1秒前でも現在とはつながっておらず、もし**過去から現在までつなげよう**とすると、「**現在完了（present perfect）**」という時制が必要になってきます。

それから英語の「未来形」についても、はっきりわかっていない英語学習者の方が多いので、スピーキング力UPの見地から解説しておきましょう。新幹線に乗ると、車内放送で３種類の未来時制を使っていることに気がつきませんか。例えば新大阪から東京行きの新幹線に乗ると、We **will be stopping** at Kyoto, Nagoya, Shin-Yokohama and Shinagawa stations 〜 . と放送が流れ、その前に京都に停車する場合はWe **will soon make** a brief stop at Kyoto.、そして駅に着く手前になってくるとWe **are soon arriving** at Tokyo.のように時制を使い分けています。この違いがわかりますか？　英語の未来には、will、be going to、will be 〜 ing、be 〜 ing、be to、be（現在形）の６つがあります。学校教育ではwillや be going toを中心に教えていますが、スピーキングではその他の表現も使い分けられるようになりましょう。

　まず**will**は感情を表すので、自分のことを言う場合は意志を表しますが、そうでない場合は「多分〜でしょう」という予測になり、ここでは合いません。**be going to**は「〜の方に向かっていく」ところから、「予定」やwillよりも「**実現性の高い未来**」を表しますが、ここでは合いません。これに対して、**will be 〜 ing**は**be going to**よりも確率が高く、「**何事もなければ当然そうなる**」といったニュアンスです。時間に世界一正確な新幹線のように、ごくわずかの誤差で明確に到着の時間が決まっているけれど、あくまでも未来のことで断定はできないので、willを用いて語気を緩和する感じです。**be 〜 ingは、現在と未来とがつながっている時制を表し、もう今その動作をしている**場合に用いる、いわゆる未来時制です。例えば「ご飯ですよ」と言われて「行きます」や、帰るときに「帰ります」は、I'm coming. I'm leaving.と言います。もう行く態勢になり、それが未来とつながっている場合はbe 〜 ingを用います。

　ですから上の例の場合も、駅を出たときはwill be 〜 ingで始まり、電車が減速し始めて次の駅に停車する態勢に入るとbe 〜 ingになるのです。また、make a brief stopのときにwillを使うのは、それが極めて正確な新幹線の到着時間のように明確な時間が決まっているわけではなく、何かが起こって少し出発が遅れることもあるので、確率を下げているのです。

ちなみに**be to構文**は、人が主語の場合でなければ、The meeting is to be held tomorrow. のように**未来に起こる事柄の公的な決定事項**に用いられ、**現在形を用いる場合は確定して絶対変わらない出来事**を表す場合に用います。

　こういったスピーキング力UPに重要な時制の知識をもっと身につけたい方は、私の著書『スーパーレベル　パーフェクト英文法』（ベレ出版）をお読みください。それでは今度は「冠詞」の攻略法にまいりましょう。

3 「冠詞」はたった2つの原則で簡単に使いこなせる!

「冠詞・名詞」に関しては、日本語に冠詞や可算性の概念がないために、誤解のもととなっています。**不定冠詞aをつけた抽象名詞の格下げ**（種類や1回だけの行為を表す）や、英語の名詞の多義性から来る「**意味の変化**」などへの理解があいまいです。

故に冠詞は使い方が難しすぎてわからないと言う人が多く、「冠詞」の用法だけを説明した本が出ているほどですが、コンセプトがわかればその使い方は極めてシンプルです。

例えばuniformは、可算と不可算の両方の用法がある名詞です。

> a uniform is ～は「**1つの（ある種の、ある）ユニフォームは**」
> uniform is ～は「**ユニフォーム（概念）というものは**」
> the uniform is ～は「**他のものと違ってユニフォームというものは**」

冠詞の有無によって、このように意味が変わるのです。theによって「**対比・総称・概念化・強調**」の意味が生まれ、aを使った「格下げ」と対極をなします。ですからtheをつけるか、aをつけるか、何もつけないかに迷ったときは、上のような言葉を補って判断してください。

次にlionを取り上げてみましょう。まず、辞書に載っているのは単に無冠詞のlionですが、これを「**1つの、1回の、ある程度の**」のように「**格下げ**」すると、a lionとなります。knowledge、uniform、successも同じで、aがないと「知識というもの」「ユニフォームというもの」「成功というもの」という概念になりますが、aをつけると、「ある程度の知識」「ある種類のユニフォーム」「1回の成功」と格下げになります。

例えば、look at ～とtake a look at ～、walkとtake a walk、swimとhave a swimでは、前者がそれぞれ「見る、歩く、泳ぐ」を意味するのに対して、後者

は「ちょっと見る、ちょっと歩く（散歩する）、ちょっと泳ぐ（ひと泳ぎする）」のように、日本語でよく用いる「ちょっと」のニュアンスが出せます。ですからtake a walk to the stationやhave a swim to the shoreとは言えません。

一方、定冠詞theは特定して区分・強調する機能があります。図の左側のように、同じ種類のものばかりいる場合に「このライオンだ」と指摘・強調するときと、右側のように**他の動物と違ってライオンというものは〜**」と区別し集合的・概念的に強調する場合です。このライオンだ」と指摘・強調する場合と、右図のように**他の動物と違ってライオンというものは〜**」と区別し、集合的、概念的に強調する場合です。この原則さえ頭に叩き込めばいいわけです。前者は簡単ですが、後者は英語の上級者でもまだその仕組みを理解できていない人が多いようです。とにかく「他のものと違って〜というものは」という区分のニュアンスがつかめれば使いこなせるようになるでしょう。

＜不定冠詞 a のコンセプト＞

a knowledge

＜定冠詞 the のコンセプト＞

このライオンだ！

他の動物と違って、ライオンだ！
これだ

lion, lion, **lion**
lion, lion, lion

lion tiger elephant
giraffe zebra hyena

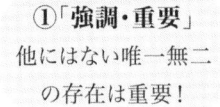

```
         ①「強調・重要」                    ②「集合体・総称・概念」
       他にはない唯一無二                    唯一無二の集合体を
         の存在は重要!                       総称・概念化!


                        定冠詞theの
    ⑤「限定」            コアコンセプト
      限定し              「唯一無二」!
    唯一無二の存在に!                        ③「対比・区分」
                                            他にはない
                                            唯一無二の存在
                                            だと区分!

              ④「話者間の了解」
                唯一無二の存在を
                話者間で了解!
```

上の図を、例を見ながら具体的にご説明します。

□ インターネット (**the Internet**) には **the** をつけて「画期的」(発明品が当たり前になると radio のように「普通名詞に格下げ」されるが)「唯一無二」の「重要なもの」(①) というメッセージを表します。

□ 政府 (**the government**) は「重要なもの」(①) でかつ「政府という概念」(②) と「例の政府という話者間の了解」(④) があります。

□ 臓器 (心臓 [**the heart**]、胃 [**the stomach**]) は「唯一無二」の「重要なもの」(①) であり、体の他の部分と「区別」(③) する **the** が必要ですが、**a heart** と不定冠詞がつくと、医者が複数あるサンプルのうち1つの心臓を選んで処置するような特異なイメージ。

□ **the basics** [**the fundamentals**] (基本原理) は「唯一無二」の「重要」(①) な基本事項が複数個イメージでき、それらを **the** をつけて色々な基本が集まった「集合体」(②) と見なします。

- **by the dozen**（ダース単位で）、**by the pound**（ポンド単位で）のように単位の前に**the**をつけるのは、「**区分**」（③）や単位という「**話者間の了解事項**」（④）です。
- Can you open **the window**?の、windowの前のtheも、「あなたが今いる部屋の窓」という「**話者同士の了解**」（④）を表します。
- **the upper class**（上流階級）や**the younger generation**（若い世代）はそれぞれ「下層階級」や「旧世代」との「**対比・区分**」（③）を暗示します。
- 時（夕方［**in the evening**］、最初から［**from the beginning**］、1950年代に［**in the 1950s**］）、方角（北［**the north**］）、エリア（郊外で［**in the outskirts**］）の前のtheはそれぞれ時や方角、地域の「**区分**」（③）を表します。
- 米国憲法序文に見られる**We the people of the United States**（我々アメリカ合衆国国民）のpeopleの前のtheは、「どこの国でもない、まさに米国の国民」と、国民（people）を「**限定**」（⑤）し、同時に「**米国国民というもの**」という「**概念化**」（②）を示しています。

それから名詞は、同じ単語でも**可算・不可算性によって意味が代わってくる**ことも押さえておきましょう。例えば、informationはU（不可算名詞）では「情報、知識」の意味になるのに対して、C（可算名詞）では「受付、案内所」の意味になります。また、workは最近よく誤用されていますが、基本的にUでは「**仕事、勤務、勉強、研究などの概念**」を表すのに対してCでは「**本、絵画、音楽などの具体的な作品**」を意味します。さらにexperienceもCとUを混同して使われがちなのですが、基本的にCは「**自分の人生観に影響を与えるような1回の経験［体験］**」を表すのに対してUでは「**仕事や活動によって習得した知識とスキルと、それを得ようとするプロセス**」を表し、CとUとでは意味が変わってきます。

4 英語のリズムと冠詞の関係とは!?

　では、そのような「冠詞」が意味的には重要であっても、会話の速い英語で聞き取れるのでしょうか。もしほとんど聞き取れないとしたら本当に重要なのかという疑問が起こってくるでしょう。冠詞は英語のリズムと関係しています。日本人は「本」を英語ではbookとしか思っていませんが、英語ではa bookのaが「裏」でbookが「表」から入り、**英語のリズムが生まれ、英語特有の「可算性」も表現できる**のです。

　そこで登場するのが「英語のリズム」の重要性です。次の例文を見てみましょう。

　This is a **pen**. この文でのキーワードは太字部分のthisとpenですね。よって「頭」のリズムになりますが、その「裏」のリズムにあたる部分がisだけだと短すぎてバランスが取れないのです。速い会話ではthisとisが「同化（assimilation）」して短くなってしまいます。その結果、**リズムを良くするために、必ず「不定冠詞」が必要**となってくるわけです。

　ではwater, money, foodのような不可算名詞の場合はどうしたらいいのでしょうか。

　Would you **like** some **water**［**food, money**］? や、Do you **have** some **money**［**food, water**］? の場合、キーワードはlikeあるいはhaveとwater［food, money］なので、それらが「表」のリズムで読まれますが、その間の「裏」のリズムはsomeによって作ることができます。ですから対訳に「いくらかの」という日本語が載っていなくても、**英語ではリズムを良くするためにsomeをつけます。日本語で言えば「ちょっと食べる？」**という感じになります。

　日本語で語呂を良くしたり、語気を緩和したりするために頻繁に使われる「ちょっと」は、このように英語の不定冠詞やsomeのような限定詞

(determiner)で表せることが多いです。これらは日本語でも英語でも重要な役割を果たしているので、無視はできません。次の例はどうでしょう。

This is the **mo**st im**por**tant dis**co**very. この文をカタカナと太字で強勢を示すと、「ジスイズザ**モウ**スティン**ポー**タン◯ディス**カ**ヴァリー」となって、**this**と**is**が同化するためにリズム上**the**がいることがわかりますね。

さていかがでしたか。英語のリズムを良くするために冠詞と可算・不可算性が重要であることがおわかりいただけたと思います。音読や英語のスピーキングを通じて、これらをリズムで覚えていきましょう。

5 スピーキング力UPのための第2・第5文型をマスター！

　次に、スピーキング力を加速的にUPさせるには、特に「文型」や「構文」や「前置詞」の知識が重要です。日本人英語学習者は高校で英語5文型を習うので、大体わかっているつもりでいる方が多いのですが、実際はもっと奥が深いものです。実例も少ない概論的なレクチャーではほとんど文型をつかめず、その結果、英語のスピーキングやその他のスキルも弱くなってしまうのです。例えば、第1文型（S＋V）と第3文型（S＋V＋O）の違い、第3文型（S＋V＋O）と第4文型（S＋V＋O＋O）の違いがわかりますか？

　第2文型(S＋V＋C)にしても、高校では第2文型に使う動詞として、「〜である、〜になる」を表すbe, become, get, go, keepや、知覚動詞、そして「〜に思える」を表すappear, seem, look, sound, taste, smell, feelぐらいしか習いませんが、実際には多くの種類があります。例えば、**rank high**（ランクが高い）、**end up [wind up] dead**（死ぬ結果となる）、**grow up strong and healthy**（強く健康に成長する）、**return alive**（生きて戻る）、**draw close [near]**（近づく）、**stare wide-eyed at 〜**（目を大きく開けてじっと見る）、**shine bright**（明るく輝く）、**act surprised**（驚いたふりをする）、**bend low**（低くかがむ）、**fall down dead**（倒れて死ぬ）、**plead guilty**（有罪を認める）というようにたくさんあります。

　そこで次に、ここでは補語を含む第2文型と第5文型をクローズアップします。英語のスピーキング力UPに最低必要な知識を一気に身につけていただきましょう。

第2文型をマスターすれば スピーキング力ワンランクUP！

1 存在系グループをマスター！

「である」グループ（**keep, stay, remain, hold, lie, go, pass, rank, stand**）remainはkeep, hold, stayより長い期間

「なる」グループ（**come, run, turn, grow, go, end [wind] up, turn [work] out, prove**）grow（段々と）➡ turn（急に）

「いる」グループ（**hang, lie, sit, stand**）

「固まる」グループ（**freeze, set**）

□あなたの意見は考慮していきます。
　➡ I'll **stay open** to your ideas.

□軽い過失は見過ごされた。
　➡ The minor error **went [passed] unnoticed**.

□彼はついには文なしになってしまった。
　➡ He **wound [ended] up broke**.

□彼女はじっと立っていた。 ➡ She **stood still [motionless]**.

□地面はガチガチに凍った。 ➡ The ground has **frozen solid**.

2 往来発着系グループをマスター！

「現れる」グループ
（**arrive, emerge, come, draw, return, escape, grow up**）

「パーッと開閉する」グループ
（**bang, blow, burst, slam, spring, swing**）

「離れる」グループ
（**break, pull, squirm, struggle, work, wrench, wriggle**）

「屈んで跳ぶ」グループ
（**bend, crouch, fly, jump, leap, soar, stoop, swoop**）

「終始」グループ
（**close, creep, edge, end, finish, inch, open**）

□父は早死にした。→My father **died young**.
□彼は早婚［晩婚］だ。→He **married young [late]** in life.
□ドアはバタンと閉まった。
　→The door **banged [slammed] shut**.
□ねじが緩んだ。→The screw **worked [came] loose**.
□彼は他の選手より高く跳べる。
　→He can **jump higher** than other players.
□彼女はレースで2位だった。
　→She **finished second** in the race.

3　知覚系グループをマスター！

「思われる」グループ
(**appear, feel, look, seem, smell, sound, taste**)
「ふりをする」グループ (**play, act**)
「光る」グループ
(**flash, flicker, glisten, glow, blush, flame, flush**)
□君の話は怪しい。
　→Your story **smells [sounds] fishy**.
□とぼけるなよ。→Don't **play dumb**.
□彼の目は驚きで光り大きく開いた。
　→His eyes **flashed open** in surprise.

第5文型をマスターすれば スピーキング力ワンランクUP！

さて次に、第5文型も身につけることでスピーキング力がグーンとUPします。ぜひマスターしましょう！

1 知覚系グループをマスター！

「見なす」グループ
(**brand**［烙印を押す］, **label**［レッテルを貼る］, **call, certify, declare, diagnose, hold, judge, presume, pronounce, rate, report**)
「見つける」グループ（**capture, catch, find**）
「知覚」グループ
(**catch, feel, find, notice, observe, photograph, show, watch**)

□市民は市長を優秀であると評価した。
➡ The citizens **rated** the mayor **excellent**.

□彼女は彼が行方不明であると届け出た。
➡ She **reported** him **missing**.

□我々は動物を生け捕りにした。
➡ We **captured** the animal **alive**.

□先生は私がカンニングしているのを捕まえた。
➡ The teacher **caught** me **cheating**.

□彼は家に入るところを目撃された。
➡ He had been **observed entering** the house.

2 移動系グループをマスター！

「飛ばす・引っ張る」グループ
(**blast, blow, force, jam, kick, pull, push, shut, slam, spread, yank, shake, shoot, squeeze, sweep, wipe**)
「打つ」グループ (**batter, beat, knock, scare, send, strike**)
「変える」グループ (**get, make, drive, render, slice**)

「塗る」グループ（color, paint, spray, turn）
「回す」グループ（pitch, crank up, turn down, turn up）
「保つ」グループ（have, hold, keep, leave）
「もたらす」グループ（bring, have, keep, leave, send, set）

□彼はドアを蹴って開けた。➡ He **kicked** the door **open**.
□犯人はその男を射殺した。
　➡ The criminal **shot** the man **dead**.
□修理工は機械が動くようにした。
　➡ The repairman **got** the machine **working**.
□君は私をひどくイライラさせた。➡ You **drove** me **mad**.
□秋で葉が黄色くなった。➡ Autumn **turned** the leaves **yellow**.
□彼女はふたを回して開けた。➡ She **turned** the lid **open**.
□心配事で彼女は一晩中眠れなかった。
　➡ The anxiety **kept** him **awake** through the night.
□地震で彼女の家は崩れ落ちた。
　➡ The earthquake **brought** her home **crashing down**.
□その景色は彼女の想像力を働かせた。
　➡ The scenery **set** her imagination **working**.

この他にも次のようなものがあります。
□すべての人は生まれながらにして自由で平等である。
　➡ All the people are **born free and equal**.
□彼女は冷えたワインを出した。
　➡ She **served** the wine **cold**.
□私は滑らかな肌触りの生地を好む。
　➡ I **like** [**want**] the texture **smooth**.

　いかがでしたか。5文型の中でも特に「補語」を含んだ第2、第5文型をマスターすると表現力がグーンとUPします。こうした例文を音読・シャドウイングしながら、スピーキング力をUPさせていきましょう。

6 英語と日本語の
　語順の違いに注意する！

　文型と言えば、英語と日本語の「語順の違い」が原因で英語のスピーキングが難しくなることがあります。Chapter 3で見たように、英語は基本的にまずS＋Vを述べてから、修飾語（modification）がそれに続く「動詞—oriented」言語ですが、日本語は主語をぼかしたり飛ばしたりして、動詞が最後に来る「目的語—oriented」の言語であるため、英語と比べてSとVの関係がわかりにくくなります。日本語では、「あの青い目をした背の高い外国人が好きだ」と言うのに対し、S＋V＋Oの語順の英語では、まずI loveと言ってから最後に長い目的語を述べていきます。

　日本語と英語の違いとして、以下のような語順の違いがよく挙げられます。

● **日本語は修飾語から始まるが、英語は主語、述語動詞から始まる**
「昨日、10年ぶりに、銀座で親友に会った」
日本語：→基本的に修飾語から始まる。
Yesterday, for the first time in ten years, in Ginza, I met my best friend.
「修飾語先行型」

英語：→基本的に主語、述語動詞から始まる。
I met my best friend in Ginza yesterday for the first time in ten years.
「動作先行型」

　このように日本語では修飾語が先にどんどんと来てから主語も省いて動詞を述べることが多々ありますが、英語では修飾部分はせいぜい1つか2つぐらいで、すぐに主語が来ます。しかし、修飾語から始まる語順で間違いというわけではありません。むしろ、そのような語順にするこ

とによってドラマチックさがUPする場合もあります。実際の会話では、I met... と言うべきところをYesterday... と言いかけてしまうこともあります。そのようなときに、最初から言い直すのではなく、主語が何であっても話せるようにしましょう。スピーキング力UPでは、主語が入れ替わっても同じ意味の文を言える表現のフレキシビリティを養うことも重要です。

では、次の日本語を英語にしてみましょう。

> 「栄養ドリンクは自動販売機で買えます」

主語の候補として、次の3つ(1. 栄養ドリンク、2. 自動販売機、3. 人[一般人])が考えられます。それぞれ英語に直すと、次のような文になります。

> 1. **Energy drinks** are available through a vending machine.
> 2. **A vending machine** provides energy drinks.
> 3. **You** can get energy drink through/from a vending machine.

このように、フレキシブルに主語を変えることによって、英語の発信力が一段と伸びます。この他にも、英語と日本語の言語学的構造上の違いから、次のようなことが言えます。

● 英語は「関係代名詞(relative pronoun)」や「分詞(participle)」などで修飾していくために、1文が日本語よりも長くなることが多い

これは特にライティングに言えることですが、英語は関係代名詞や分詞を用いてどんどん修飾していけるので、英文が相対的に長くなります。英字誌からわかるように、1文の長さが20〜30語ぐらいなので、和文で短い文章を書く人は要注意です。英語の語順に慣れていないと、英語の発信でも受信でも困ることになります。また、これに関連して「無生物主語」に慣れることが重要です。「無生物主語 (S)」＋ V ＋ O の発想が日本語には非常に少ないので、そのギャップから自然な英語を話せない場合や、

速い会話の英語についていけない場合が多いのです。

● 英語はS＋V＋Oの「する、働きかける」（action）的言語であるのに対して、日本語は（S）＋V＋（C）の「なる」（状況描写）的言語である

「夜になるとふくろうがやってくる」という状況描写的・「なる」的和文を直訳するとWhen night comes, owls come.ですが、英語の発想では、**Night brings owls.** のように「無生物主語（S）」＋V＋Oで表現できるのは、Chapter 3で見た通りです。また、「この問題には頭が痛い」といった状況描写的な日本語も、英語ではThis problem gives me a headache.の「S＋V＋O＋O」になります。次の英文を見て、こうした英語が使いこなせるかを考えてみてください。

Your skill will put a **pro to shame**.（君の腕はプロ顔負けだ）
　➡put ～ to …がポイント。
The money will **get you out of** trouble.（このお金で危機を脱出できる）
　➡「ゲッチュウアウロ」とリエゾンして厄介。
The crisis **brought out** his best qualities.
（危機になると彼の一番いい面が現れる）
　➡bring outは「引き出す」という意味の句動詞。

このような「無生物主語」を用いたスピーキングで、パンチの効いた英語が話せるようになります。

7 前置詞をマスターしてスピーキング力UP！

　次に、英語学習上の大きな悩みの種の1つが前置詞でしょう。これは学校で「前置詞とは名詞の前に置くもの」と教わったために、前置詞の真意がわからなくなっていることが原因の1つです。しかし実際には、前置詞の目的になるものは次のように7つあります。

① 前置詞＋名詞	Don't beat **around** the bush. （遠回しに言わないで）
② 前置詞＋代名詞	Think **about** it. （そのことについて考えなさい）
③ 前置詞＋動名詞	I'll give you credit **for** solving the problem. （その問題を解ければ評価してやろう）
④ 前置詞＋形容詞	I don't know **for** sure [certain]. （はっきりとわからない）
⑤ 前置詞＋副詞	I've just returned **from** there. （そこから戻ったばかりだ）
⑥ 前置詞＋前置詞句	There was a sound **from** behind me. （背後で物音がした）
⑦ 前置詞＋名詞節	He's a typical father **in** that he spoils his daughter. （彼は娘に甘い点で、どこにでもいる父親と変わらない）

　「前置詞を征する者は英語を征す」と言われるくらい、前置詞は重要で攻略が難しいですが、うまく使いこなせれば表現力が数段UPします。

前置詞の使い方が一気にわかるクイズにチャレンジ！

次に、各前置詞のコンセプトを一気につかむ方法をご紹介します。次の問題にチャレンジしてみてください。

前置詞クイズにチャレンジ！

次の文はいずれも「夢中になる」を表します。次の括弧に入る前置詞は何でしょうか。

1. I was immersed (　) my work last night.
2. He is consumed (　) love for her.
3. My son is addicted (　) computer games.
4. The girl is crazy (　) jazz dance.
5. Don't be hooked (　) gambling.

<解答・解説>
1. **in**：「昨夜は仕事に没頭した」
2. **with**：「彼は彼女への恋に身を焦がしている」
3. **to**：「うちの息子はコンピュータゲームに病みつきだ」
4. **about**：「彼女はジャズダンスに夢中だ」
5. **on**：「ギャンブルにのめり込むな」

使用頻度は、高い順に **be immersed in ＞ be addicted to ＞ be hooked on ＞ be crazy about ＞ be consumed by［with］** です。

では、それぞれの前置詞のニュアンスを順番に述べていきましょう。

1 inを使うグループ（be absorbed in / be lost in / be buried in / be engrossed in / be immersed in / be engaged in / indulge in）をマスター！

inは「空間内に入っている」イメージなので、それぞれ「思考」「研究」「自分の行動」を1つの空間と見なし、その中に「どっぷり浸かっている」場

面を想像しましょう。

☐ She seems to **be absorbed [lost/buried] in** thought.
　（彼女は物思いにふけっているようだ）
☐ My father **is engrossed in** his studies.
　（父は自分の研究に没頭している）
☐ All of them **is engaged in** what they're doing.
　（みんな自分がしていることに夢中になっている）

2 by [with] を使うグループ（be occupied with / be preoccupied by [with] / be consumed by [with] / be fascinated by [with] / be obsessed with）をマスター！

byは「経由・関所」のイメージで、「～を経由して、～を通らなければならない」ことから、by以下のものが強く作用しているという因果関係が強調されます。これに対して、**with**は「関わり合い・共に・同時性」のイメージで、それぞれが関わり合っている相互作用の状態を表します。ですから、be impressed byのほうがwithよりも影響力が強くなります。

☐ My daughter **is occupied with** homework now.
　（娘はいま宿題にかかりきりだ）
☐ The president **is preoccupied with** competing with rivals.
　（社長はライバルとの競争で頭がいっぱいだ）
☐ That guy **is consumed with** material greed.
　（あいつは物欲にまみれている）
☐ He **is obsessed with** how to pay back the money he borrowed from a bank.
　（彼は銀行から借りた金をどのように返すかで頭がいっぱいだ）

withとbyの使用頻度は、preoccupied with [by] はwithのほうが高いとされていますが、その他はbyのほうが高いようです。

3 toを使うグループ（be addicted to / be devoted to / give oneself up to / be attracted to）をマスター！

toは「向かって着く」のイメージです。ですから、be addicted to, be attached to, adhere to, stick to, cling to, be devoted [dedicated, committed] to のどれを取ってもくっついて離れないイメージで、「はまっている」意味が強くなります。つまり、はがそうとすると禁断症状が起こったりして、自我が崩壊するぐらいくっついてしまっているということです。

☐ My brother used to **be addicted to** alcohol.
　（かつて弟はアルコール中毒だった）
☐ The scholar **is devoted to** the research of DNA.
　（その学者はDNAの研究に執念を燃やしている）
☐ He **gave himself up to** despair.（彼は自暴自棄になった）
☐ Young people especially **were attracted to** the Beatles at that time.
　（当時、特に若者がビートルズに夢中になった）

4 aboutを使うグループ（be crazy about / be enthusiastic about）をマスター！

aboutは「周り」のイメージで、浅く周りをぐるぐる回っています。スターの実際の姿を知らずに憧れてキャーキャー言っているような感じです。以下の例ではそれぞれ気持ちが「俳優」「計画」をあまり深く知らないながらも取り巻いている場面を想像しましょう。

☐ My wife **is crazy about** the Korean actor.
　（妻は例の韓国人俳優にぞっこんです）
☐ I'm not very **enthusiastic about** the project.
　（その計画にはあまり気が乗らない）

5 onを使うグループ（be hooked on / concentrate on / be intent on）をマスター！

　onは「集中的に一気に加わる」イメージです。inのような長い継続的な従事・努力（静的）と違って、試験勉強のように集中的（動的）にconcentrate on, focus on, be keen on, be intent on, be bent onと加わります。

☐ He **was hooked on** drugs when young.
　（彼は若い頃、麻薬に溺れていた）
☐ Just **concentrate on** your studies.
　（しっかり勉強に打ち込みなさい）
☐ The mayor **is intent on** fighting crime.
　（市長は懸命に犯罪と闘っている）

　この他にも、スピーキング力をUPする上で、非常に短いですが重要な前置詞の使い方の例を挙げておきましょう。副詞として使われる用例も挙げておきます。
I'm **on** it.（私もそれをやるよ）
I'm **onto** him.（私は彼が犯人であると知っている）
I am **into** computer games.（コンピュータゲームにはまっているんだ）
I'm **out of** it today.（今日は頭がぼけている）
The deal is **off**.（取引はとりやめだ）
The deadline is one week **away**.（締め切りは1週間後だ）
You're not **up to** this.（君にはそれは無理だ）
I know what they're **up to**.（彼らが何を企んでいるか知っている）

　このように、前置詞1、2語で短く簡単に言いたいことを伝えられるのです。
　さて皆さんいかがでしたか。それぞれの前置詞の基本的イメージはわかっていただけたでしょうか。次のページでも、前置詞の使い方をさらに深く学んでまいりましょう。

●前置詞別「予測」必須パターンでスピーキング力UP！

それでは、今度はスピーキング力とリスニング力を同時にUPさせるための「**前置詞による情報の準備と予測**」についてお話ししましょう。英語では「情報の準備と予測」というのが非常に重要で、これが働くとスピーキング力がUPするばかりか、なまりのある早口の洋画のようなものでも聞き取れるようになります。例えば、difference betweenと言われたら、その後が (difference between) A and Bと来るという予測が働きます。ですから、コロケーション的にどういう語にどういう前置詞［副詞］が来るかを知っておく必要があるのです。

1. attack［crusade, campaign, demonstration, protest, backlash, revolt, offensive, strike, uprising（攻撃・反対）］**against** ～
   ➡ **against**の次に何かが来るとわかり、準備態勢が取れる。
2. secret［story, truth, reality, history（真相）］**behind** ～、idea［message, concept, motives, principle, philosophy（考え方）］**behind** ～、reason［rationale（理由）］**behind** ～
   ➡ **behind**の次に何かが来るとわかり、準備ができる。
3. relationship［relation, correlation, connection, link（関係）］**between** ～、border［boundary, division, divide, line, borderline, distance, choice（境界・分離）］**between** ～
   ➡ **between**以下に何か来ると準備ができる。
4. involvement［interference, intervention, part, participation（介入・参加）］**in** ～、investment［stake, share（投資）］**in** ～、say［voice（発言権）］**in** ～
   ➡ **in**以下の準備ができる。
5. have an advantage［edge, lead, superiority（優位）］**over** ～、take priority［precedence（優先）］**over** ～
   ➡ **over**以下の準備ができる。
6. departure［retreat, withdrawal, deviation, resignation, retirement,

separation, isolation, alienation, shelter, protection, independence（分離・独立）］**from** 〜
➡**from**以下の準備ができる。

7. negotiation［conversation, communication, discussion, interaction, talks, dialogue（話し合い）］**between**［**among**］〜
➡**between**［**among**］以下の準備ができる。

8. charge［suit, complaint, action, case, accusation, warning, indictment（告発・非難）］**against** 〜
➡**against**以下の準備ができる。

9. decline［downturn, dent, downturn, slump, reduction, cutback（減少・低迷）］**in** 〜、progress［advance(ment), rise, boom, surge, upsurge, upturn（進歩・増大）］**in** 〜、fluctuation, shift（変動）**in** 〜
➡**in**以下の準備ができる。

10. popularity［reputation, appeal, support, status（評判・人気）］**among** 〜、there is a growing awareness **among** 〜
➡**among**以下の準備ができる。

11. precaution［protection, insurance, barrier, defense, vaccination, safeguard, insulation（保護・予防）］**against** 〜
➡**against**以下の準備ができる。

12. mistake［error, flaw, defect, fault, weakness（ミス・弱点）］**in** 〜、take delight［interest, pride, pleasure］**in** 〜
➡**in**以下の準備ができる。

13. prejudice［bias, discrimination（偏見・差別）］**against** 〜、grudge［resentment, antipathy（怒り）］**against** 〜
➡**against**以下の準備ができる。

14. on the grounds **that** 〜
➡**that**以下（S＋V）の準備ができる。

15. in exchange［return］**for** 〜
➡**for**以下の準備ができる。

この「**情報の準備と予測**」はスピーキング力・リスニング力UPに重要なファクターです。コロケーションを意識して、ぜひマスターしておきましょう！

8 スピーキング力UPには、「助動詞」をハートでつかめ！

「助動詞」は英語ではmodalityと呼ばれ、感情を表します。ですから、学校で習ったようなテキスト通りの解釈ではなく、**口調によって意味が変わる**ということをまず知っておきましょう。

例えば、You can do it.にしても、口調・状況によって「できるよ」にもなれば「すればどう」にもなるし、You can do it! You can!!であれば「必ずできる！　やらないといかん！」の意味に変わってきます。willの場合は、「内的・外的意志」を表すので、人から強制されて嫌そうにOK, I'll do it.と言った場合は「わかったよ、やるよ」といった嫌々の意志になるし、I will do it! I will!と自らの強い意志で言う場合もあります。助動詞は「頭とハートと体で会得する」必要があるのです。

多くの日本人は、ニュアンスを無視した簡易文法の詰め込み学習を行ってきたこと、また生の英語を通じて英語を学ぶ機会がなかったことから、英語の「語感」がない方が多いようです。

助動詞の基本コンセプトとイメージをつかめるようになれば、誤解を生むことなく、円滑なコミュニケーションがはかれるようになります。ここで助動詞をぜひマスターしてください。

では次に、可能性を表す助動詞のshall, must, will, should, would, can, may, could, mightについて、その実現度合いのランキングを示した表を見てみましょう。

＜可能性を表す助動詞ランキング＞

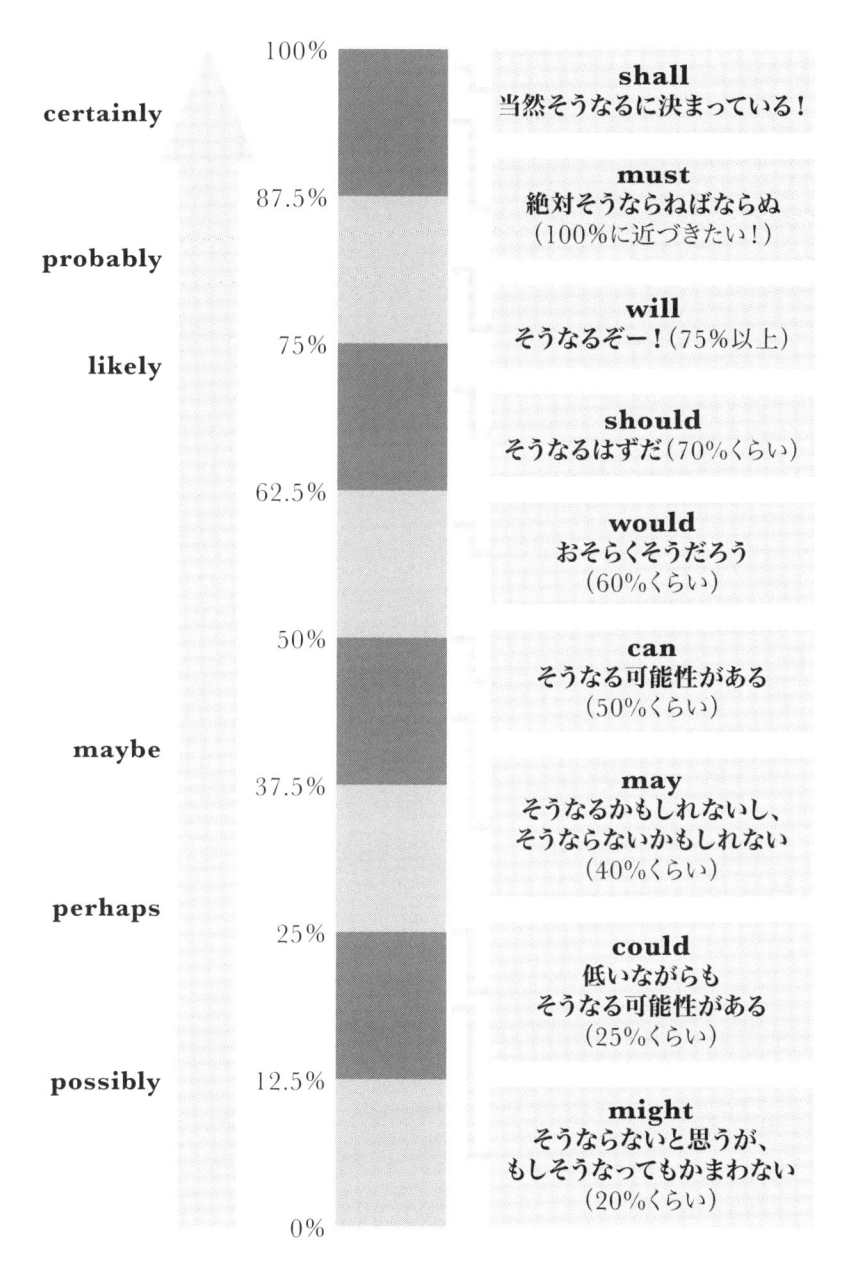

certainly	100%	**shall** 当然そうなるに決まっている！
probably	87.5%	**must** 絶対そうならねばならぬ（100%に近づきたい！）
likely	75%	**will** そうなるぞー！（75%以上）
	62.5%	**should** そうなるはずだ（70%くらい）
	50%	**would** おそらくそうだろう（60%くらい）
maybe	37.5%	**can** そうなる可能性がある（50%くらい）
perhaps	25%	**may** そうなるかもしれないし、そうならないかもしれない（40%くらい）
possibly	12.5%	**could** 低いながらもそうなる可能性がある（25%くらい）
	0%	**might** そうならないと思うが、もしそうなってもかまわない（20%くらい）

まず、**shall**は「**天命**」を表し、I **shall** win.と言えば「私は勝つに決まっている、勝つ運命だ」という意味になります。当然守るべき契約書は、神との契約が基本精神であるキリスト教文化からshallが用いられます。また、親が子どもにYou **shall** enter college.と言えば、子どもの意志を無視した「お前は大学に入るんだ」というニュアンスになります。

　私はよく、試験勉強をしている人に対して、「shallで勉強しないといけない」「視野の狭くなる、思いつめた悲壮感の漂うmustや、感情によって変動する、あてにならないwillではいけない」と言います。つまり、I **must** pass the test.だと「不合格は許されない」という**切迫感のある語気**で、I **will** pass the test! だと「絶対に合格するぞ！」という**感情の勢い**だけで、いずれにしても、最初から「パスしないかも」というネガティブイメージから始まっており、大成功するタイプに不可欠な「イメージトレーニング」ができていないのです。

　思いつめて視野が狭くなると、成功のためのフレキシブルな発想やアイデアができにくくなり、悪循環に陥り、周りの人に不安感を与えて士気を下げてしまうことが多々あります。また、一度や二度の失敗でひどく落ち込み、立ち直れなかったりする心の弱さがあります。そこでshallのsunshineのエネルギーで、「成功して当然、これは私の天命」と真にポジティブイメージングをしている人は、エジソンのように1万回失敗してもへこたれず、「これは成功の布石だ、ヒントを与えてくれる、成功は時間の問題だ」と悠然と構えることのできるめげない人になれます。Let's enjoy the process!

　AさんはTOEICで、満点の990点を取ろうと挑戦を続けているとします。Aさんが次に受けて念願の満点を取れる可能性を、助動詞を用いて説明してみましょう。

☐ **must**：今までに大体985点を取ってきており、今度は「**絶対に満点を取るぞ！**」といった強い念と切迫感をこめて言う場合。受験3回に1回は満点が取れるレベルを表します。

☐ **will**：今までに大体980点を取ってきたので、今度は「**大丈夫だろう、**

満点取れるだろう」という場合。6回に1回満点が取れるレベル。
- □ **should**：今までに大体975点を取ってきたので、「**そろそろ満点が取れても不思議ではない[取れるはずだが]**」という場合。9回に1回満点が取れるレベル。
- □ **would**：今までに大体970点を取ってきたので、「**今度受けたらそろそろ満点が取れるだろう**」という場合。12回に1回満点が取れるレベル。
- □ **can**：「試験運が悪いなど実力以外の要素が影響して満点を逃しているが、今までに大体965点を取ってきたので、「**今度受けたらそろそろ満点の可能性がある**」という場合。15回に1回満点が取れるレベル。
- □ **may**：960点を取ったことが何回かあるので、「**今度はもし運が良ければ満点が取れるかもしれない**」という場合で、18回に1回満点が取れるレベル。
- □ **could**：よく955点を取ったことがあるので「**次はひょっとしたらまぐれで満点取れるかも**」という場合で、24回に1回満点が取れるレベル。
- □ **might**：「神の力」に依存的になり、今までによく950点を取ったことがあり、「**今度奇跡的に満点取れるかも**」という場合で、36回に1回満点が取れるレベル。

　こういった助動詞のニュアンスをさらに深く理解していただくために、もう1つ例を挙げておきましょう。要望・忠告を表す助動詞です。**must**は未来の推量というよりも「**強い念・信念**」を表し、You must come! と言えば「あなたは絶対来なければならない、あなたは必ず来る」という念をこめて述べています。これを一言で和訳してしまうと人間の入り混じった感情の勢いが消えてしまいますが、強いてそのフィーリングを反映させ翻訳すると「絶対来てね！」という感じに近くなります。

　また、同じ命令・強制用法の**will**は「**決めつけと押しつけ**」を表し、親が子どもに勉強をさせるときに強勢を置いて言う You will study harder. は、子どもが一生懸命勉強するのが当然であると親が決めつけて「お前は勉強をもっとするんだ」と押しつける言い方です。

　日本語の「**〜したほうがいい**」は文脈と口調によって、英語では had

better, should, ought, might as well, could, might want to と様々な表現になります。**had better**は「〜したほうがいいよ（後で困るから）」というニュアンスがあるのに対して、**should**はバシッと素早い口調で「したほうがいいよ」と忠告するニュアンス（ought to は常識的判断から必要だというニュアンスを出してクールに言う）、**might as well**は「(僕の問題じゃないけど）してもいいんじゃないかな」というニュアンス（couldは更に弱い）、そして**might want to**は「〜してもいいんじゃないかしら」と示唆的に言うニュアンスになります。このように、学校で習った通りに「〜したほうがいい」という意味だと理解してしまうと、話者の気持ちがつかめず誤解のもととなります。

　このように英語の助動詞は奥が深く、これをマスターすることで英語のスピーキングに様々なニュアンスを持たせることができるようになります。

9 仮定法を鍛えて
　スピーキング力・リスニング力UP！

　スピーキング力、リスニング力UPに欠かせないのが「**仮定法**」です。日本語では仮定法過去や仮定法過去完了や仮定法未来の発想がないのでとらえにくいのですが、**話者の心境や状況を描写**する仮定法は英語のコミュニケーションではよく用いられ、資格試験の対話式リスニング問題でも、仮定法の問題が非常によく出題されます。ただ、この仮定法は実際の会話で使われた場合は聞き取りにくいことが多いでしょう。

　例えば「朝ご飯を食べていたら、今お腹が減っていないのに」を表すIf **I'd** eaten breakfast, I **wouldn't** be hungry now.の、仮定法を表すhadやwouldn'tはほとんど聞き取れないでしょう。また、事故などの際のI **could** have been killed.（死ぬところだったぜ）も、「クダビンキウ！」となって聞き取りにくくなります。

　この仮定法の感覚は英語特有のものです。例えば洋画で、殺し屋に銃で撃たれそうだったのに殺し屋が撃たなかったシーンがあるとすると、You **could** have killed me.は「どうして撃たないの」となります。「あなたは私を殺すことができただろうに」のような受験英語の和訳とはニュアンスが異なる点に要注意です。

　また、いい映画やパフォーマンスを見損ねた人に対してYou **should** have seen it.と言えば、「それを観るべきだったよ」というより、「どうして観なかったの」とか「ホントにいい映画だったよ」というニュアンスになります。

　それでは、上記のもの以外にも、仮定法の表現を挙げておきましょう。丸の部分が聞こえない箇所ですが、リズムだけ残っており、話す際はうまく「間」を取る必要があります。この間の取り方を会得すると、非常に困難な助動詞を含む文の聞き取りもできるようになります。ナチュラルな会

話の英語教材で助動詞を意識して聞き、しっかりシャドウイング練習をして、「間」を習得しましょう。

☐ **I couldn't agree with you more [less].**（大賛成［大反対］だ）
　アイクドゥ○ナグリーウィジュモー［レス］
☐ **You shouldn't have done it.**（どうしてそんなことするんだ）
　ユシュ○ダ○ダニッ○［シュゥンのように鼻から抜ける感じ］
☐ **She wouldn't have dreamed of making it.**
　（成功するとは夢にも思わなかっただろう）
　シウドゥ○ナ○ドゥリード○メイキンギ○
　［shouldn'tと同じく、wouldn'tもウゥンのように鼻から抜ける］
☐ **He might [must] have done it.**（彼の仕業かも［仕業に違いない］）
　ヒマイラ○［マスタ○］ダニッ○
☐ **I couldn't care less about him.**（彼なんか眼中にない）
　アイクドゥ○ケアレサバウリ○

10 「〜しようとする」不定詞と 「〜している」動名詞の違いは!?

　to不定詞の名詞的用法と動名詞は、いずれも学校文法では「〜すること」と訳し、書き換えることができることが多いと教えますが、両者には明確な差があります。**to不定詞（to V）** は、「目的地・到達点を表す前置詞to」の後ろに動詞Vが来ることから、「**Vする方向へ向かう**」というイメージになり、「これから何かをする」という意味合いになります。これに対して、**動名詞は「今Vしているところです」** という進行形や現在分詞と同じ形をしており、V-ingの名詞的用法と言ってもいいでしょう。動名詞は英語で言うと、「**繰り返す・続ける**」の意味のラテン語から来たgerundです。今やっていることや、これまでやっていたことも含めて「もうすでにVしています」という基本コンセプトがあります。

　例えば、I like **to study** English. も、I like **studying** English. も「英語を勉強することが好きです」と訳せますが、to studyのほうは、これから英語を勉強する方向に向かう感じがして、「英語を勉強すれば楽しいだろうな」とか「英語を勉強したいな」というニュアンスが出る一方、studyingのほうは、実際に英語の勉強をやりながら「英語の勉強って楽しいな」と言うニュアンスになります。また、They started **to fight**. は**突然開始する場合や中断が予想される場合**に使われ、They started **fighting**. はいつも通りする場合や始まったことが継続する場合に使われます。同様に、He continued **to work** hard.（continue 〜 ingより数段多く用いられる）は「いったんやめていたことをこれからまた始める」というニュアンスで用いられます。

　to不定詞と動名詞の微妙なニュアンスの違いがわかりましたか？　2つをうまく使い分けながら、深みのあるスピーキングを心がけていきましょう。

11 英語の所有格は
めちゃくちゃくどいと思え！

　英語と日本語を比べた場合、日本語は比較言語学的には **no pronominal reference**（代名詞の指示なし）と言われるぐらいに、代名詞（特にI, youやmy, your, our, his, herにあたる語）を省きます。日本語の「宿題をやりましたか？」を英語にすると、Did **you** do **your** homework?（あなたはあなたの宿題をやりましたか？）となります。

　英語では、日本語で考えるとくどいぐらい「代名詞」、特に「所有格」を使う一方、日本語の場合は主語や所有格の代名詞をしょっちゅう省きます。日本語のコミュニケーションでは「誰のこと？」「誰のもの？」と主語がわからなくことがよくあると考えれば、これが英語の持つclarityとも言えるでしょう。

　また、よく名所や観光案内で用いられる「～で有名な」も、「所有格」を省く人がいますが要注意です。

☐ Sydney is famous [well-known] for **its** opera house.
　（シドニーはオペラハウスで有名です）
☐ Japan is very famous for **its** Mt. Fuji.
　（日本は富士山で非常に有名です）
☐ Kyoto is world-famous for **its** historic shrines and temples.
　（京都は由緒ある神社仏閣で世界的に有名です）

　このように、英語を話すときは必要以上に「**所有格代名詞**」を意識しましょう。とにかくくどいぐらいにmy, your, ourと言うぐらいでないと間違ってしまいます。英語では通常強く読みませんが、「自分の」を強調する場合は、It's **my** house!のようにmyに強勢を置いたり、**my own** houseのように言ったりします。

12 力強く話すためには
できるだけ「倒置」を使え！

　それでは最後に、日本語と同じ語順で使いやすく、かつインパクトのある、**引き締まったドラマチックな英語を話せるテクニックである「倒置用法」**についてお話ししましょう。

　倒置と聞くと、大学受験勉強で覚えた無味乾燥な学習を思い出す人もいるかもしれませんが、倒置は力強い英語を話すためのテクニックの1つとして活用できるものなのです。

　「倒置」とは、述部の語・句を主語の前に置いて、その結果主語と動詞の語順が逆になる場合です。英語は結論から入る傾向があるので、しばしば倒置が発生します。結論から先に言うことによって、ドラマチックな文章となり、無駄が省かれ、引き締まった表現になります。

　例えば、「次の曲はWe are the world!」とか「乾杯の音頭を取っているのは山田市長です」と言う場合は、次のようになります。

Coming up next is "We are the world"!
Drinking a toast is Mayor Yamada!

　では、今から様々な倒置の形を覚えていただきましょう。

ドラマチックに話すための倒置用法をマスター！

　Neverのような否定語句やOnlyのような副詞句を文頭に持ってくると、倒置が起きて次のようにS+Vが入れ替わります。

---

1. I found the book only two years later.
   （２年後になって初めてその本を見つけた）
   ➡ **Only** two years later did I find the book.
2. I have never seen such a mess.
   （こんなに散らかっているのを見たことがない）
   ➡ **Never** have I seen such a mess.
3. He will enter this house again under no circumstances.
   （どんなことがあっても彼は再びこの家に入らないだろう）
   ➡ **Under no circumstances** will he enter this house again.

　また、次のように程度・比較を表す語句が文頭に来るパターンもあります。

☐ **So absurd** was his manner that everyone laughed at him.
　（彼の振る舞いが馬鹿げていたので、みんな彼を見て笑った）
☐ **Even more mischievous** was his younger brother.
　（彼の弟はもっとお茶目だよ）

　また、現在分詞や過去分詞が文頭に来るパターンもあります。
☐ **Sitting** at the kitchen table was our missing uncle.
　（キッチンテーブルに座っていたのは行方不明になっていた叔父でした）
☐ **Hidden** in the cellar were several barrels of wine.
　（酒蔵に隠されていたのは数樽のワインだった）
　ただし、上の２つの文は、場所を表す副詞句がなければ倒置にできません。次の文は文法的に間違いとなります。
Sitting was our missing uncle.（×）

Hidden were several barrels of wine. (×)

ところが、それぞれ現在分詞と過去分詞がなければ文として成り立ちます。

At the kitchen table was our missing uncle.
In the cellar were several barrels of wine.

それでは、冒頭に示したパターンの倒置形をもう1例見ておきましょう。

> 1. My ex-girlfriend was standing at the door.
> 2. **Standing at the door** was my ex-girlfriend.

1の「かつての恋人が玄関に立っていた」に対して、2は「立っていたのは僕のかつての恋人だった」となり、通常の文よりドラマチックで、「恋人が玄関に立っていた」ことが思いがけない事態であるというニュアンスが出てきます。

◯ リズムとバランスで倒置用法の感覚をマスター！

次に、英語のリズム体得の点から倒置用法を考えてみましょう。例えば、**Never did I dream** about it. の英文の場合、リズムの点からも意味の点からも倒置にする必要があるのがおわかりですか？ この文では「まさか、夢にも思わなかった」の意味が自然なので、意味的にはこの語順が良いことがわかりますが、もっと重要なのは、ストレスを置く「表」と置かない「裏」のリズムです。

この場合、太字の部分が「表」で細字の部分が「裏」で間隔的にうまくバランスが取れています。ところが、I('ve) **never dreamed** about it. の場合だと、neverを強調すると「頭」と「頭」でぶつかってしまって言いにくくなります。そこで、I('ve) **never** ever **dreamed** about it. とeverをつけると「表」と「裏」でリズムが良くなります。しかし実際は最初の例のように「倒置」にして言うほうがベターです。同様に、**So do I. So am I. Neither do I.** も、soやneitherとIを両方強調するために倒置にする必要

があるわけです。

　仮定法にしても同じ理由で、If I should fail, 〜 . よりも「倒置形」の **Should I fail, 〜 .** のほうが「表」と「裏」のバランスが良く、リズムが合いやすいです。前者は、shouldに強勢を置くとリズムが崩れるので強勢を置かずに読むこととなり、速い英語では「**仮定法未来**」が音声として識別しにくくなってしまいます。

　このように、英語はリズムとバランスが非常に重要です。倒置や仮定法はこういったリズム感を大事にしたものなのです。

13 その他のスピーキング力UP 文法テクニック！

さていかがでしたか。英文法に関して、この他の注意点には次のものがあります。

> 英語は「受動態(the passive voice)」よりも「能動態(the active voice)」を用いる傾向が強いが、日本語は「受動態」を用いる傾向が強い。

日本語の「誰にも見つかるなよ」「寒さに負けるなよ」が、英語ではそれぞれletを用いて、Don't let anybody see you.、Don't let the winter cold beat you. [Brave the winter cold.] のように「能動態」を用います。また、日本語の「給料を上げてもらったよ」は、英語ではI got a raise.と「能動態」で表現するのが普通です。「山が見える」にもしても、The mountain can be seen.ではなく、I can see the mountain.となります。英語の受動態は、行為の主体がわかりにくいか言いたくないときに用い、日本語のようにやみくもに用いないことに要注意です。

> 英語は「否定形(negative forms)」よりも「肯定形(affirmative forms)」を用いる比率が日本語より多い。

例えば日本語の「〜しないように」は、in order toやso as toの「否定形」を使ってin order [so as] not to hit the carとするより、avoidを用いてin order to avoid hitting the carとかin order to avoid the collisionのように「肯定形」としたほうが英語らしくなります。英語は相対的にダイレクトでダイナミック (action-oriented) な言語文化を持っているのです。

> **英語は「比較の概念」に関して厳密であるが、日本語はそうではない場合が多い。**

　例えば、日米の物価について話し合っているときに、Commodity prices are high in Japan.（日本の物価は高い）と言うと、「アメリカの物価は（総じて）安い」という意味合いになります。「アメリカに比べて安い」と言いたいときは、Commodity prices are higher in Japan (than in the US).のように「**比較級**」をつけて言わなければなりませんが、大抵の日本人英語学習者は、スピーキングでもライティングでもこの比較級をつけるのを忘れてしまいがちです。とにかく2つのものを比較しながら述べているときは、日本語の発想につられず、「比較級」をつけるように心がけましょう。

> **英語は接続詞（connective）の使い方が非常に「論理的」であるが、日本語では「潤滑油的役割」を果たす場合が多い。**

　英語を話すときは、日本語の「接続語」につられないようにしましょう。日本語の「〜ですから、だから、〜ですが、〜ならば」などは必ずしも因果関係や逆説や仮定を表すのではなく、「**強調**」や、会話の語気を緩和する「**潤滑油**」的な役割をしている場合が多いので、英語を発信するときには日本語の感覚につられないように十分注意する必要があります。

　例えば、「傘を返します<u>から</u>貸してください」を
Please lend me your umbrella because I will bring it back to you.とすると変な英語になってしまうでしょう。それは借りたものを返すのは当たり前で、傘を借りる理由にならないからです。I promise to bring it back to you.とかI will definitely bring it back to you.のようにbecauseを省いて強調しなくてはなりません。

　また、英語に自信のない人が英語圏に行くのを迷っているのに対して、「アメリカへ行っ<u>たら</u>何とかなるさ」を、

If you go to America, it's going to be fine [you will survive]. としても論理的ではなく、「どうしてそんなことがわかる」と言われてしまいますね。英語の発想で言うと、Go to America and worry later. となります。

　さて皆さんいかがでしたか。このように英文法の知識を深め、様々なパターンを駆使することによって、スピーキング力を数段UPすることができます。さらに英文法を詳しく知りたい方は、私の著書『スーパーレベル　パーフェクト英文法』（ベレ出版）をお読みください。
　それでは皆さん、明日に向かって英悟の道を、
Let's enjoy the process!（陽は必ず昇る！）

Chapter 7

さらにワンランクUPを目指す人のために

1 英悟道ランキングで、目標レベルを決める！

　最終章では、英語の運用力をさらにワンランクUPさせるために、各資格検定試験のレベルと英語運用力対照表「英悟道ランキング」や、英語力をはかる国際基準規格CEFRについて述べていきます。

　下に挙げた表は、もともと松本道弘氏が提唱した「英語道ランキング」に感動した私がさらにアレンジを加えて作り上げた「英悟道ランキング」です。これで各資格同士のレベルを対照させながら、そのレベルに至るまでの英語運用力を見ていきましょう。

英悟道ランク	CEFRランク※	到達年数目安	英語検定換算	英語の運用力
①5級 入門者	A1		英検4級レベル	認識語彙約600語・運用語彙200〜300語、英語放送理解度1％以下、スピーキングは片言程度、英文を書く能力はない。
②4級 初心者	A1	1年	英検3級レベル	認識語彙約1200語・運用語彙400〜600語、英語放送理解度3％以下、あいさつ程度のスピーキング力、極めてシンプルな英文なら書ける。
③3級 初級者	A2	2年	英検 準2級レベル TOEIC 225点	認識語彙約2500語・運用語彙800〜1200語、英語放送理解度5％以下、日常の事柄についてかろうじて通じる英語で話したり書いたりすることができる。
④2級 中級者	B1	3年	英検2級レベル TOEIC 550点 TOEFL iBT 42点	認識語彙約5000語・運用語彙1600〜2000語、英語放送理解度約10％、日常の事柄や社会問題の1割ぐらいを何とか通じる英語で話したり書いたりすることができる。

⑤1級 中級者	B2	5年	英検 準1級レベル TOEIC 785点 TOEFL iBT 72点	認識語彙約7500語・運用語彙2500〜3000語、英語放送理解度約30％、英字誌読解速度100-150 wpm、日常の事柄や社会問題の3割ぐらいを大体通じる英語で話したり書いたりすることができる。

＊この地点がボーダーライン。「英検1級」を最終目的にし、合格後に英語学習をやめてしまう人は「白帯」に逆戻りし、今までの努力が無駄になる。さらに上のランクを目指して修行すること。

⑥初段 上級者	C1	7年 〜8年	英検1級レベル TOEIC 945点 / TOEFL iBT 96点	認識語彙1万語以上・運用語彙約5000語。英語放送理解度50〜60％、英字誌読解速度約200-250 wpm、日常の事柄や重要な社会問題の5割ぐらいについて論理的に話したり書いたりすることができる。
⑦2段 上級者	C2	9年 〜10年	資格5冠レベル	認識語彙1.5万〜2万語・運用語彙7000〜8000語。英検1級、TOEIC 990点、通訳案内士、工業英検1級、国連英検特A級、TOEFL iBT 108点、IELTS 8点のうちの5つを取得できるレベル。英語放送理解度60〜70％、英字誌読解速度約250-300 wpm、日常の事柄や重要な社会問題の7割ぐらいについて、論理的に話したり書いたりすることができる。
⑧3段 超級者		12年 〜15年	上記の資格7冠＋欧米の大学院修士取得レベル	認識語彙2万〜3万語・運用語彙1万語以上、英語放送理解度70〜80％、英字誌読解速度300-400 wpm、日常の事柄や重要な社会問題の8割ぐらいについて、引き締まった論理的な英語で話したり書いたりできる。英字誌の記事を書くことができる。
⑨4段 達人		20年	ここから上は検定試験はなく、作品や演説で勝負の段階	認識語彙3万〜4万語・運用語彙1万〜1.5万語以上、英語放送理解度80〜90％、英字誌読解速度400-500 wpm、日常の事柄や重要な社会問題の9割ぐらいについて、語彙豊富で引き締まった論理的な英語で話したり書いたりできる。一流英字誌のような記事や洋書を書くことができる。

⑩5段 達人		25年	認識語彙4万〜5万語・運用語彙1.5万〜2.5万語以上、英語放送理解度90％以上、英字誌読解速度500wpm以上、日常の事柄や社会問題はもちろん、どんな哲学的な問題についても引き締まった論理的な英語で話したり書いたりできる。一流英字誌のような記事や洋書を書くことを真にエンジョイできる。
*ここからが正念場で、歴史に残る名著・演説を残したり、世界で活躍できる優れた人材を育成したりする真の「菩薩の道」を歩むための努力を怠らない域である。			

※CEFRについてはp.290以降を参照。

英悟道ランク表

①入門者：英悟道5級

　英検4級レベル、CEFRランクでは**A1レベル**(必ずしも正確ではないが、家族、日課、趣味など個人的なトピックや、時間・日時・場所などについての簡単なQ&Aができる)。英語を始めて半年ぐらいで達するレベルで、認識語彙は600語ぐらいあるが運用語彙は200〜300語ぐらい。英語放送はあいさつ程度のところしか聞き取れず理解度1％以下。話す英語も片言程度で、書く能力はない段階。(＊運用語彙は発信型の勉強をするかどうかで異なる)

②初心者：英悟道4級

　英検3級レベル、CEFRランキングではまだ**A1レベル**の初心者(趣味、部活動などなじみのあるトピックに関して、はっきりと聞き取れる英語には簡単なQ&Aができ、前もって準備すれば、日常生活に関する簡単な事実を限られた構文で描写できる)。中学校卒業レベルの英語力。1日に約1時間のシステマティックな英語学習をゼロから行えば約3年(1000時間)で到達するが、インテンシブに1日約3時間勉強すれば1年以内にこの域に達する。認識語彙は1200語ぐらいあるが運用語彙は400〜600語。英語放送は理解度3％以下でほとんどわからず、あいさつ程度のスピーキング力。極めてシンプルな英文なら書けるレベル。

③初級者：英悟道3級

　英検準2級やTOEIC 225点をゲットできるレベルで、CEERランキングでは**A2レベル**に昇格(簡単な英語で意見や気持ちを述べたり、郵便局・駅・店など日常的な状況で様々な表現を用いてやり取りができる。自分・学校・地域などに関して短いスピーチができる)。平均的高校2年生ぐらいの英語力。1日に約1時間のシステマティックな英語学習をゼロから行って約5年(1500時間)で到達できる。インテンシブに1日約3時間勉強すれば2年以内にこのレベルに達する。認識語彙は2500語ぐらいある

が運用語彙は800〜1200語。英語放送理解度は5％以下で、日常の事柄についてかろうじて通じる英語で話したり書いたりすることができるレベル。

④中級者：英悟道2級

　英検2級やTOEIC 550点、TOEFL iBT 42点をゲットできるレベルで、CEFRランキングでは**B1レベル**に昇格（病院・市役所などで詳細に問題を説明でき、間違った切符の購入などの場面で誤りを正すことができる。自分の関心がある社会の状況について、意見をある程度スラスラ発表し、聴衆からの質問に対応できる。短い新聞記事ならあらすじや要点を説明できる）。平均より高めの高校生の高校卒業レベルの英語力。1日に約1時間のシステマティックな英語学習をゼロから行って約8年（2500時間）で到達できる。インテンシブに1日約3時間勉強すれば3年ぐらいでこのレベルに達する。認識語彙は5000語ぐらいあるが運用語彙は1600〜2000語。英語放送理解度は約10％で、日常の事柄や社会問題の1割ぐらいを何とか通じる英語で話したり書いたりすることができるレベル。

⑤中級者：英悟道1級

　英検準1級、TOEIC 785点、TOEFL iBT 72点がゲットでき、CEFRランキングでは**B2レベル**に昇格（一般分野から文化・学術などの専門的な分野まで幅広いトピックの会話に積極的に参加し、自分の考えを正確かつ流暢に表現できる。ディベートなどで社会問題や時事問題に関して、関連事例を詳細に加えながら自分の視点を明確に展開することができる）。平均より数段高い大学生の英語力。1日に約1時間のシステマティックな英語学習をゼロから行って約12年（4000時間）で到達できる。インテンシブに1日約3時間勉強すれば5年ぐらいでこのレベルに達する。認識語彙は7500語ぐらいあるが運用語彙は2500〜3000語。英語放送理解度は約30％で、英字新聞や簡単な英字誌記事は読むことができ、その読解速度100-150 wpmといったところ。日常の事柄や社会問題の3割ぐらいを大体通じる英語で話したり書いたりすることができるレベル。

⑥上級者：初段

　英検1級、TOEIC 945点、TOEFL iBT 96点がゲットでき、CEFRランキングでは**C1レベル**に昇格（自分の意見を正確に表現でき、社会上、仕事上の目的に合った言葉遣いが効果的にできる。複雑なトピックを詳しく論ずることができ、一定の観点を展開しつつ適切な結論でまとめることができる）。最高峰の大学生の英語力。1日に約1時間のシステマティックな英語学習をゼロから行って約15年（5000時間）で到達できる。最も効果的なプログラムでインテンシブに1日約3時間勉強すれば7〜8年ぐらいでこのレベルに到達できる。認識語彙は1万語以上あるが運用語彙は5000語ぐらい。英語放送理解度は約50〜60％で、英字誌読解速度は200-250 wpmぐらい。英語でプレゼンやミーティング・交渉ができ、通訳士や翻訳士の見習いとして仕事をし始めるレベルで、日常の事柄や重要な社会問題の5割ぐらいについて論理的に話したり書いたりすることができる。

⑦上級者：2段

　英検1級、TOEIC 990点、通訳案内士、工業英検1級、国連英検特A級、TOEFL iBT 108点、IELTS 8点のうちの5つを取得できるレベルで、CEFRでは**C2レベル**に昇格（いかなる会話や議論も無理なくこなし、口語・慣用表現をよく知っている。細かい意味のニュアンスを正確に伝えることができ、表現で困ることがあっても、周りの人に気づかれないように修正できる。状況にあった文体で、はっきりと流暢に記述・論述ができ、効果的な論理構成で聞き手に重要な点を把握・記憶させることができる）。最も効果的なプログラムでインテンシブに1日約3時間勉強すれば9〜10年ぐらいでこのレベルに到達できる。認識語彙は1.5万〜2万語あるが、運用語彙は7000〜8000語で、英字新聞で使われるような書き言葉をかなり使いこなせる。英語放送理解度は約60〜70％、英字誌読解速度は250-300 wpmぐらいで、プロの通訳士や翻訳士に多いレベルである。日常の事柄や重要な社会問題の7割ぐらいについて、論理的に話したり書いたりすることができる。

⑧超級者：3段

⑦で述べた資格7冠＋欧米の大学院修士取得レベルで、認識語彙2万～3万語、運用語彙は1万語以上（英字新聞やTIMEに使われる書き言葉は大体使いこなせる）、英語放送理解度70～80％、英字誌読解速度は300-400 wpmぐらい、日常の事柄や重要な社会問題の8割ぐらいについて、引き締まった論理的な英語で話したり書いたりすることができる。英字誌の記事を書くことができる。準備しておかなくても、英検1級やGREの英文ライティングやスピーキングや日英翻訳を教えたり、上級者向けの英語学習本を執筆したり、洋画字幕翻訳者、同時通訳者、英語ニュースライター、英字新聞ライターなど一流の英語のプロとして活躍できるレベル。

⑨達人：4段

ここから上は検定試験とは関係なく、作品や演説で勝負の段階。認識語彙3万～4万語、運用語彙1万～1.5万語以上。英語放送理解度80～90％、英字誌読解速度400-500 wpm以上、日常の事柄や重要な社会問題の9割ぐらいについて、語彙豊富で引き締まった論理的な英語で話したり書いたりすることができる。一流英字誌のような記事や洋書を書くことができるレベル。ネイティブ教養人と比べて全く遜色ない域である。ここからは母国語のレベルを超えていく段階。

⑩達人：5段

認識語彙4万～5万語・運用語彙1.5万～2.5万語以上。英語放送理解度90％以上、英字誌読解速度は自由自在（母語のように様々なタイプの読み方ができる）。日常の事柄や社会問題はもちろん、どんな哲学的な問題についてもレトリカルで引き締まった論理的な英語で話したり書いたりすることができる。一流英字誌のような記事や洋書を書くことを真にエンジョイできるレベル。しかし、ここからが正念場で、歴史に残る名著・演説を残したり、世界で活躍できる優れた人材を育成したりする真の「菩薩の道」を歩むための努力を怠ってはいけない境地である。

いかがでしたか。英語学習の目標は立てられましたか？　現在の皆さんがどのレベルであるとしても、仕事で英語が必要であったり、英語を仕事に活かそうとする国際派ビジネスパーソンなら、ランク⑥ランク⑦ぐらいを目指すべきかと思います。よって英検1級やTOEIC900点が目標というのは妥当だと思いますが、問題はその目標を達成した後、それまでのモチベーションが激減し、またランク⑤以下に下がってしまうという危険性です。検定試験対策勉強は「諸刃の剣」です。目標達成まではモチベーションは非常に高いのですが、試験合格やスコア達成のために勉強すると、それを達成した後に一気に意欲が減退してしまいます。自分が達成できるレベルより**1ランクぐらい上を目標**にしておけば、テンションを下げることなくスキルUPトレーニングができ、また、そのランクに達しなくてもその1ランク下のレベルのスキルを維持することができます。よって皆さんの今のレベルが、ランク④であればランク⑥を、ランク⑤であればランク⑦を目指しましょう。1ランク上ではなく必ず2ランク上を目標にすることです。

　ところで、英語放送、英字誌、英文ライティングや社会問題ディスカッションなどで、英語をエンジョイできるようになってくるのはランク⑦からだと思います。それまでは、英語放送を聞いても、TIMEを読んでも、洋画を観てもわからないことが非常に多く、英文ライティングも文法・語法、論理の展開で問題点が多く、とてもそのままでは読者に自信を持って配布できるものは書けません。またスピーキングも母国語とのギャップが甚だしいためにフラストレーションがたまり、英語の勉強はかなりチャレンジングかもしれません。英語を活用するという意味ではまだまだ問題が多いので、今のレベルがランク⑤の人は、ランク⑦を目指しましょう。

　私が英検1級対策指導を始めてから33年が経ち、2000人近くの人を合格へと導いてきました。英検準1級やTOEIC 600点前後レベルから英語の勉強を本格的に始めたレベルの人にとっては、英検1級やTOEIC 900点はまるで雲の上、ものすごい英語力がいると思っていたのが、いった

んそれを自分がクリアすると「何だ、大したレベルではないな、英語の運用という見地からは程遠いな」と気がつくことも多いはずです。

　私が英語を本格的に勉強するようになったきっかけは、日本でのフルブライト留学1期生で評論家の竹村健一氏のような人間になりたいと英語の勉強を始めた頃に、英語道の開祖である松本道弘氏の『速読の英語』を読み、その「英語道ランキング」に感銘を受けたことです。私は、中学のときに英検2級に受かり、成人してからの再スタート時点で英検1級の一次試験合格レベルであったので、まずはそのランキング表の3段（英語放送理解度8割、TIME読解スピード300 wpm以上、運用語彙2万語以上）を目指そうと思ったのが始まりです。そしてランキングで初段ぐらいに達したときには、松本道弘氏を打倒するのを目標にしました。

　よく、「あまり高い目標を立てずに、小さな目標を立て、それを1つずつクリアしていくことで、やる気と自信を高めよ」と言われますが、語学の勉強に関してはアプローチが異なり、**「小さな目標」**と**「高い目標」**の両方が必要です。前者は、目標レベルと自分の現在のレベルに違いがあり過ぎてめげてしまうのを防止する対策として有効です。例えば、英検準1級レベルの人が1級を目指して勉強するとなかなかパスしないのでやる気がなくなってしまう、というような場合にはいいでしょう。1級を何度受けてもパスしない場合は、その中間的な目標であるTOEIC900点とTOEIC S&Wでそれぞれ160点、国連英検A級突破を目指したり、日本文化に興味のある人は通訳案内士合格を目指したり、翻訳や英文ライティングに興味のある人は工業英検2級合格を目指したりして勉強すれば、英検1級と比べて比較的達成しやすいので、英語学習のモチベーションを維持することができます。

　このことはランク⑥から⑦を目指す場合も同じです。かつて英検1級にパスした後、工業英検1級になかなかパスしない生徒がいたので、demoralized（士気が下がる）することがないように、同時にTEP TEST (The Technical English Proficiency Test of the Joint Program in Technical Communication of the University of Michigan and Waseda University)の1級やほんやく検定も同時に受験するように指導しました。その結果、それ

らの資格検定試験にパスし、そこから学ぶことも多くスキルもUPし、モチベーションも維持することができ、最終的には資格が3つも増えることにつながったというメリットがありました。

　でもこの小さな目標だけでは、達成したときにモチベーションが激減して、一気にスキルダウンしてしまいます。自分が数年ぐらいで達成できるレベルより1ランク上の目標設定が必要になってきます。英語の習得とその勉強は「長期戦」です。自分の満足の行く英語力を身につけるために、中学高校で学んだことをベースにして、その倍以上の道のりを歩んでいきましょう。

　そこで同時に、後者の「高い目標設定」が必要になってきます。準1級やTOEIC 700点ぐらいの人で、高齢のために短期長期記憶が衰えたとか、仕事が忙し過ぎて勉強時間が1日に1時間も取れないという人にとっては、英検1級が自分にとって5年以上かかるぐらい高い目標となるので素晴らしいのですが、昔から英語が得意で頭も良く、目標を立ててから1年ぐらいで1級にパスしてしまうようだと、次の目標がなくモチベーションが落ちるという危険性があるので、目先のことだけ考えて視野が狭くなってしまわないようあらかじめ対策を考えておく必要があります。

　それともう1つ、これは非常に重要なことですが、目標に向かって努力するときは、決してこうなりたいと思ってはなりません。仏教では「人生は苦である」と説いていると言われることがありますが、「人生は思い通りに行かないので、欲望が強いと苦しみが強くなるから覚悟せよ」と言ったほうが正確です。ですから、例えば「世界的に有名な作家」になりたいと思うなら、それより上の「歴史に残るぐらい有名な作家」を目指し、「"世界的に有名"は願望ではなく、当然なるのだ」と、とことん自分を信じるぐらいでないとなりません。同様に「英検1級にパスしたい」ではなく、もっと高い目標をめざし、1級は当然パスする自分をイメージできるぐらいでないとなりません。

　さて、それらのスキルを効果的にUPするためによく取られるアプローチが、「留学」と「資格検定試験対策」の2つですが、それぞれ一長一短あります。欧米の大学や大学院修了者が、留学後に英検1級合格を目指

して勉強している場合が多いぐらいで、留学前にTOEIC 900点ぐらいで渡米して2～3年留学した後もスコアは変わらず、語彙力、文法力もあまりUPせず、「資格3冠」(英検1級、TOEIC満点、通訳案内士)獲得も難しいという状況がよくあります。しかし、留学中の様々な状況のリスニング力やペーパーライティングを通じて英語による論理的思考力やリサーチ力がUPし、「人間力」がUPし、異文化への洞察が深まる(broaden one's cultural horizons [enhance cross-cultural awareness])など、資格検定試験対策では身につかない能力がUPするので、たとえTOEICやTOEFLのスコアが伸びなくても得るものは大きいはずです。ちなみに私の場合、二度の大学院留学を経験しましたが、特に一度目は米国の生活事情もキャンパス事情も知らなかったので、学業以外でも勉強になることばかりでした。車の運転や保険の入り方、銀行口座開設、アパートの借り方、買い物や修理、電話局との対話、キャンパス内外の各設備の利用など様々な英語圏の日常生活の経験が、視野を拡大しました。

　これに対して「資格検定試験対策」のほうは、英語学習の環境を自ら作り出していかなくてはならないので、3D [discipline, dedication, desire]、つまり自分で努力する力が鍛えられます。各検定試験にフォーカスした勉強をするので試験に速くパスし、スコアがUPしていけば英語のスキルもUPし、様々な知識も身につき、達成感が得られます。しかし、国際的見地から見ると、偏った人間(unsuccessful intercultural communicator)になる可能性があります。英検準1級レベルの人でも、優れたガイダンスに基づく効果的なプログラムでインテンシブに勉強すれば、3～4年で資格3～5冠レベルには達しますが、資格検定試験には現れない力(視野の広さとコミュニケーションスキル [intercultural communication skill])を身につけるためには、3年ぐらいコスモポリタンな英語圏に留学するか、できれば非英語圏にも6か国に半年ぐらいずつ、計3年ぐらい留学するのが理想的です。

　かつての私の学校の英検1級クラスの生徒で、一度目の受験では英検のカラーがわからず不合格だったのが、半年の受講で合格どころか優秀賞を取得するに至った人がいました。その人は夫が客員教授として、ア

メリカ、イギリス、インド、中国、イラン、ドイツ、フランス、ギリシャなど世界8か国で2年ずつ、日本政治史を教えていた特権を活かして、各国で2年ずつ大学の授業に無料で参加し勉強したというマルチリンガルでした。その人の視野の広さ（global perspective）とintercultural communication skillsは尊敬に値するもので、英検1級の二次試験のときに、面接官は返す言葉もなく黙ってしまったそうです。

　こういった2つのアプローチの一長一短を踏まえた上で、奢ることも落胆することもなく、研鑽を積んでいきましょう。TOEIC、英検を始めとする様々な検定試験合格を目指して勉強し、それらをクリアしていけばスキルはかなりUPしていきます。TOEICは、文法・語法の基礎力やビジネスに関するリスニング力・リーディング力を身につけるのに効果的な試験で、一方英検1級の対策学習は高度なスキルを身につける点で最もバランスの取れたものと言えます。こうした資格対策を基盤にその他の資格試験にチャレンジしていけば、様々な英語のスキルや知識がUPしていくことでしょう。

2 CEFR基準 英語資格試験対照表

さて、最近特に注目されている、英語力の国際基準である**CEFR**[＝Common European Framework of Reference for Languages（セファール［＝ヨーロッパ言語共通参照枠］）をご紹介しましょう。CEFRは語学のコミュニケーション能力別のレベルを示す国際標準規格で、欧米で幅広く導入されています。以下の表は、そのCEFRと各資格検定試験との相関関係をまとめたものです。目安の1つとしてご覧ください。

（各試験団体が公表しているデータに手を加えて作成しました）

CEFR	語彙水準	英検	IELTS	TOEFL iBT	TOEIC	TOEIC SW
A1	1000語	3級	2.0		120-	S50- W30-
A2	2500語	準2級	3.0		225-	S90- W70-
B1	4000語	2級	4.0-5.0	42-	550-	S120- W120-
B2	7000語	準1級	5.5-6.5	72-	785-	S160- W150-
C1	10000〜15000語	1級	7.0-8.0	96-	945-	S180- W180-
C2	15000語以上		8.5-9.0	112-	990	S200 W200

CEFR	GTEC CBT	ケンブリッジ英検	TEAP	国連英検	工業英検	TEP Test
A1	-699					
A2	700-999	Key	150-225	C級	4級	4級
B1	1000-1249	Preliminary	226-333	B級	3級	3級
B2	1250-1399	First	334-399	A級	2級	2級
C1	1400	Advanced	400			1級
C2		Proficiency		特A級	1級	

CEFR（セファール）とは、ヨーロッパ全体で外国語学習者の習得状況を示す際に用いられるガイドラインです。日本でも昨今、各種外国語試験でCEFRに置き換えた点数を併記するなどし、積極的にCEFRを教育現場でも取り入れ始めています。CEFRの導入により、異なった試験を受験したとしても、各人の外国語におけるおおよその実力の伸びがわかり、勉強する際の大きな励みになると注目されています。

　英検1級や、TOEIC990点や、国連英検特A級が最高レベルと思っていた人にとっては、まだその上があることを知ることができる、非常にわかりやすい英語の各種検定試験の比較表だと思います。C2を目指すレベルでは、国連英検特A級は二次試験がやや難しく、工業英検1級も難関と言えます。私の学校アクエアリーズの、IELTS 7.5点以上の人を9点突破させるためのクラスでは、TOEIC満点を連続5回以上や英検1級優秀賞取得者もいますが、ライティングのスコアが一番辛いのがIELTSです。ちなみに、語彙問題のレベルが一番高いのが米国大学院入試のGREのVerbalセクションです。

3 外国語のスキル習得までの時間はどれぐらいか？

　さて、今度はスキル習得の時間について述べましょう。2002年から小学校での英語の授業が導入されましたが、それ以前の義務教育では中学から高校までの6年間で、英語の勉強時間は約1000〜1200時間でした。家庭学習は個人差がありますが、あまり勉強しない人でも学校と家庭学習の時間を合わせて1000時間、よくする人なら2000〜3000時間くらいでしょうか。さらに大学時代の英語の勉強時間は、英語関連専攻の場合は、大学の授業だけで約1000時間、それ以外の専攻なら約200時間。大学生の家庭学習は、英語専攻の場合は大体4年間で1000〜2000時間、英語専攻でない人は数百時間ぐらいでしょう。まとめると、中学入学から大学卒業までの10年間で、交換留学しなければ、日本人は2000時間から6000時間ぐらいの個人差で英語を勉強していることになります。

　そこで、よく言われるのが「なぜ10年も英語を勉強して、日本人はあんなに英語が下手なのか？」ということです。このことを検証するために、日本人の「英語学習」と、日本語を母国語としない外国人の「日本語学習」とを比較してみることにしましょう。このほうが、大人が外国を習得するプロセスに似ているからです。日本語を外国人に教えているベテランの日本語講師によると、海外から日本に来た留学生がゼロの状態から日本語を始めて約1年半〜2年で、日本語検定1級合格レベルに到達すると言われています。

CEFR（セファール）とは、ヨーロッパ全体で外国語学習者の習得状況を示す際に用いられるガイドラインです。日本でも昨今、各種外国語試験でCEFRに置き換えた点数を併記するなどし、積極的にCEFRを教育現場でも取り入れ始めています。CEFRの導入により、異なった試験を受験したとしても、各人の外国語におけるおおよその実力の伸びがわかり、勉強する際の大きな励みになると注目されています。

　英検1級や、TOEIC990点や、国連英検特A級が最高レベルと思っていた人にとっては、まだその上があることを知ることができる、非常にわかりやすい英語の各種検定試験の比較表だと思います。C2を目指すレベルでは、国連英検特A級は二次試験がやや難しく、工業英検1級も難関と言えます。私の学校アクエアリーズの、IELTS 7.5点以上の人を9点突破させるためのクラスでは、TOEIC満点を連続5回以上や英検1級優秀賞取得者もいますが、ライティングのスコアが一番辛いのがIELTSです。ちなみに、語彙問題のレベルが一番高いのが米国大学院入試のGREのVerbalセクションです。

3 外国語のスキル習得までの時間はどれぐらいか？

　さて、今度はスキル習得の時間について述べましょう。2002年から小学校での英語の授業が導入されましたが、それ以前の義務教育では中学から高校までの6年間で、英語の勉強時間は約1000〜1200時間でした。家庭学習は個人差がありますが、あまり勉強しない人でも学校と家庭学習の時間を合わせて1000時間、よくする人なら2000〜3000時間くらいでしょうか。さらに大学時代の英語の勉強時間は、英語関連専攻の場合は、大学の授業だけで約1000時間、それ以外の専攻なら約200時間。大学生の家庭学習は、英語専攻の場合は大体4年間で1000〜2000時間、英語専攻でない人は数百時間ぐらいでしょう。まとめると、中学入学から大学卒業までの10年間で、交換留学しなければ、日本人は2000時間から6000時間ぐらいの個人差で英語を勉強していることになります。

　そこで、よく言われるのが「なぜ10年も英語を勉強して、日本人はあんなに英語が下手なのか？」ということです。このことを検証するために、日本人の「英語学習」と、日本語を母国語としない外国人の「日本語学習」とを比較してみることにしましょう。このほうが、大人が外国を習得するプロセスに似ているからです。日本語を外国人に教えているベテランの日本語講師によると、海外から日本に来た留学生がゼロの状態から日本語を始めて約1年半〜2年で、日本語検定1級合格レベルに到達すると言われています。

◯ 外国人の、日本語運用レベル&到達所要時間

①初級4級レベル

　初歩的な文法・漢字（100字程度）・認識語彙約800語・運用語彙約300語を習得し、簡単な会話ができ、平易な文、または短い文章が読み書きできる能力。日本語ドラマ理解度は2％ぐらい。250〜300時間学習し、初級日本語コース前半を修了したレベル。

②初級3級レベル

　基本的な文法・漢字（300字程度）・認識語彙約1500語・運用語彙約600語を習得し、日常生活に役立つ会話ができ、簡単な文章が読み書きできる能力。日本語ドラマ理解度は5％ぐらい。500〜600時間学習し、初級日本語コースを修了したレベル。

③中級2級レベル

　やや高度な文法・漢字（1000字程度）・認識語彙約6000語・運用語彙2000〜2500語を習得し、一般的な事柄について、会話ができ、読み書きできる能力。日本語放送理解度は25％ぐらい。1000〜1200時間学習し（実際は家庭学習を入れてその1.5倍ぐらいかかる）、中級日本語コースを修了したレベル。

④上級1級レベル

　1級高度の文法・漢字（2000字程度）・認識語彙約1万語・運用語彙3000〜4000語を習得し、社会生活をする上で必要であると共に、大学における学習・研究の基礎としても役立つような、総合的な日本語能力。日本語放送理解度は50％ぐらい。1800〜2400時間学習し（実際は家庭学習を入れてその1.5倍ぐらいかかる）、上級日本語コースを修了したレベル。

⑤ **超級レベル**

　認識語彙は2万語以上、運用語彙は約1万語を習得し、文法上のミスもなく、日本でプレゼンや討論ができる。日本語ドラマの理解度は75～80％、8000～10000時間学習し、④の1級高得点合格者が日本の文系大学トップスクールで4年間真剣に勉強したレベル。

　このように日本に滞在し、日本語検定試験を目指して専門学校に通い、週に20時間は日本語の勉強をする人の場合は、最短距離で、（学校で20時間＋家庭学習10時間）×40週（学校で、長期休暇や行事を除いた通常の時間割で勉強する週）×2年、つまり約2400時間の勉強（これは学習力が非常に高い人の最短の場合であり、普通は3000時間）で、大体日本語検定1級レベル（英検では準1級寄りのレベル）に到達します。高度の文法・漢字（2000字程度）・認識語彙（1万語程度）を習得し、社会生活をする上で必要であると共に大学における学習・研究の基礎としても役立つような、総合的な日本語能力を持ち、日本語ドラマが50％ぐらい理解できるようになります。母語の干渉によって日本語会話が若干不自然になったり、語彙、助詞の使い方に誤りがあるといった点でまだまだ日本語のネイティブには届きませんが、十分コミュニケートしていると言えるレベルに達します。

　これに対して日本人の英語力は、TOEFLのスコアは世界でも最下位であると言われるように、特に英語の発信が苦手な人が多く、実際、TOEICで900点を取った人でさえ、英語を話すのは苦手な人が多いのが現状です。さらに英文ライティングは苦手で、TOEICで900点取得しても英検1級のエッセイライティングに非常に問題がある人が多いぐらいです。このようにほぼ同じ時間を外国語の勉強に費やしながら、日本人は英検2級レベルにとどまり、外国人留学生は英検準1級に相当する日本語の運用力を身につけることができるのはなぜでしょうか。

　その理由は、外国人留学生は①**日本語と母国語が似ている**　②**インテンシブに勉強している**　③**外国語を母国語とする国で勉強している**などが考えられます。英語と日本語とは、音声面、文法面、論理構造面的にあ

まりにも異なるために、効果的なプログラムでインテンシブにやってもその1.5倍ぐらい、下手をすると2倍ぐらいかかるということです。ちなみに日本語の⑤超級レベル（英語ではランク⑦と⑧の境ぐらい）になってくるとインテンシブにやっても1万時間はかかるので、日本語・英語習得の差は初期の頃より近づいてきます。これは上級者になればなるほど、異なる言語文化を吸収してきているので、母語との差が気にならなくなり、母語の干渉が減ってくるということを表しています。

　こういった日本語と英語とのギャップを踏まえて考えると、日本人の英語学習は、まずは子どものときからの英語教育のプログラムをもっとインテンシブかつ効果的なものに再構築する必要があります。小学校からの英語教育もいいですが、1年で習得できるほどの量しか教えない中学の英語教育に対して、高校では一気にその3倍以上を詰め込もうとするカリキュラム編成（これは、落ちこぼれを作る可能性がかなりある）を断ち切らなければなりません。大学の英語の勉強がトップスクールでも皆無に等しいという状況（このために、社会人になってから慌ててブラッシュアップし始める）も大きな問題です。

　また大人になってからの勉強は時間が乏しいので、歩きながらシャドウイングするぐらいのコミットメントで臨みましょう。

4 英悟道十訓

さて、以上で英語の習得レベルの指標とそれぞれのレベルに到達する時間の目安がおわかりいただけたと思います。

では最後に、入門者から達人まで、**スキルUPの最も効果的な方法のエッセンスを表した「英悟道十訓」**について述べていきます。

> **1** Capture the essence of English by gaining an insight into basic vocabularies.
> （基本動詞［形容詞・名詞］、前置詞を学び、英語の真髄をつかむ）
>
> **2** Practice "shadowing" every day to learn English rhythm and expressions.
> （シャドウイングで英語のリズムと表現力を同時に身につける）
>
> **3** Use English-English dictionaries to develop a sense of English and an insight into human nature.
> （英英辞典の英単語の定義を読んで語感を鍛え、「英悟」する）
>
> **4** Practice writing and debating to develop critical thinking and speaking abilities.
> （ライティングとディベートで論理的思考を鍛える）
>
> **5** Practice rapid reading to increase your vocabulary and general knowledge.
> （速読で語彙力・知識力をUPさせる）

6 Heighten your linguistic awareness through study of English grammar and corpus.
(英文法を「頭」と「ハート」と「体」でつかみ、「コーパス」と比較し、言語への洞察を深める)

7 Practice translation to gain an insight into "languacultural differences" between English and your mother tongue.
(翻訳によって英語と母語との発想の違いを知る)

8 Study for various English qualification tests to develop your English skills and self-discipline.
(資格検定試験を活用して英語のスキルをUPさせ、自己鍛錬に励む)

9 Practice yoga and temperance, opening your chakras to maximize your inner potential.
(ヨガと節制を実践し、「チャクラ」を開いてポテンシャルを最大限に高める)

10 Let's enjoy the process of achieving your lifetime goals to attain the spiritual enlightenment through ups and downs and twists and turns in your study of Eigo.
(生涯をかけた英悟の目標を持ち、浮き沈み、紆余曲折は真理探究と悟りへの道として、そのプロセスをエンジョイする)

1 基本動詞［形容詞・名詞］、前置詞を学び、英語の真髄をつかむ

　まず、芸術であれ格闘技であれ、どんな分野でも「基本」が大切と言われ、入門すると最初はまず基本を身につけるように言われます。しかし、英語における基本の習得は、子どもと大人でアプローチが変わってきます。

子どもの英語学習では、アルファベットの正しい読み方や発音が基本で、語彙や英文法の学習は「習うより慣れろ」と理屈を考えずに自然に身につくように、どんどん生の英語を音読しながら吸収していくことが重要であると言われます。

　しかし、大人の場合、正確な英語の発音を身につけるのはほぼ手遅れで、勉強効率が悪いので、「前置詞」や「基本動詞」を始めとする基本語のコンセプトをつかんでそれらを自由自在に駆使できるようにすることのほうが数段重要です。というのも、英語は発音が重要な中国語と異なり、発音の許容度が高いので、カタカナ英語でもよく使われるフレーズにすれば通じます。例えば、animal（アニマルよりエニモに近い）をアニマルと発音しても、economic animal（エコノミックアニマル）とフレーズ化すれば通じますし、pregnant with the meaning（含蓄ある）を、「プレグナントウィズミーニング」とカタカナで発音しても通じ、full of vim and vigor（元気はつらつ）を「フルオブビムアンドビガー」と言っても通じます。正確な発音を覚えるのが無理な場合は、このようにフレーズ化すればいいのです。大人の場合、カタカナ英語が染みついている人が、英語の発音を身につけるのは非常に困難ですが、メカニズムを考える頭が優れているので、そのコンセプトを把握し、「習うと同時に慣れろ」で学習していきましょう。

　あとは、先に述べた基本語のコアをつかみ、ネイティブが10歳になるまでに日常生活を通じて身につける「英語の基本」をマスターすることが、特に日常会話力をUPする上では最重要です。

2　シャドウイングで英語のリズムと表現力を同時に身につける

　この重要性も、幼児の言語学習プロセスを見れば容易にわかります。子どもが親の使う英語を聞いてそれを真似して覚えていくように、英語を聞いてそれを真似て言うリピーティングやシャドウイングを英語習得の初期の段階から行わなければなりません。これは「受信力」と「発信力」を同時にUPさせることのできる非常に効果的な英語学習法です。

　このところ英語の音声教材が激増しましたが、社会問題について討論

できるような英語の発信力をUPさせるためのお薦めの中上級者向け教材として、NHKのラジオ講座「実践ビジネス英語」のテキストや、雑誌『CNN ENGLISH EXPRESS』などをシャドウイングするのを日課にしましょう。英語を習得するには、こういった自己の殻と習慣の力を破る（break out of one's old mold and the power of inertia）勇気がいります。習慣化し、1日最低30分は行いましょう。

3 英英辞典の英単語の定義を読んで語感を鍛え、「英悟」する

英英辞典の重要性は、これまで何度もお伝えしてきましたが、知っていると思い込んでいる単語でも英英辞書でその意味を調べてみる慎重さを持とうということです。例えばfriendの定義は、someone who you know and like very much and enjoy spending time with（Longman）や a person who has the same interests and opinions as yourself, and will help and support you（Oxford）とあるように、日本語の「友達」より濃いことがわかります。generousも willing to give money, spend time etc, in order to help or give them pleasure; sympathetic in the way you deal with people, and tending to see the good qualities in someone or something（Longman）とあり、日本語の「気前がいい、寛大な」より意味が強くて**「包容力があっていつも優しい」**という感じに近いことがわかるでしょう。

大人になってから英和辞典の和訳を頭から取り除いて英語の語感を養うのは非常に大変ですが、これは早ければ早いほどベターです。

私は人生に迷って物事の本質が知りたいと感じたときに英英辞典の定義を見てヒントを得ることが多いのですが、子どもと違ってインテリジェンスの高い大人の場合は、**語彙を哲学的・心理学的に洞察し、そこから人生哲学を学ぶ姿勢**が必要です。例えば、不健康の原因になることの多い「ストレス」とは何か、また対処法とは何かについて考えたとき、英英辞典の定義を読むと、stressは「仕事や私生活で重要なことをずっと心配して、どうなるか不安で落ち着かない気持ちがプレッシャーとなる状態」とありました。そこで「では楽観的で不安な気持ちがなければストレスはなくなる」と気づき、さらにthink positiveを読むと、「迷いなく自信を持って楽

観的にとらえる」とあったので、全くストレスがなくなるのだなと悟ったのです。

　人間の気持ちというものは楽観と悲観の間を揺れ動くものですが、ネガティブな部分を言葉と自己暗示によって取り除こうとする意識的努力の意義を、こうして英英辞典の活用によって悟ることができるのです。言葉とその意味・用法は人間が作るわけですから、それらの根底にある**心（psyche）**を洞察することによって、より英単語の意味を深く理解することができるわけです。

4　ライティングとディベートで論理的思考を鍛える

　critical thinking abilityの重要性は繰り返し述べましたが、この能力を鍛えるためには、英文ライティングとディベートトレーニングが効果的です。特にエッセイは週に最低1つは書いて添削を受けるのが効果的で、英検1級、TOEFL iBT、IELTS、TOEIC S&Wなどエッセイライティングの問題を含んだ試験の対策トレーニングをする必要があります。またディベートに関しては、正式のディベートでなくても、ポイントを述べてそれを証明したり、相手のポイントを反証したりするアーギュメントトレーニングでもかまいません（私の著書『英語で意見を論理的に述べる技術とトレーニング』［ベレ出版］でも詳述しました）。また、できれば「1人ディベート」も実践していただきたいものです。自分が賛成なら反対の立場に立って、反対なら賛成の立場に立って自分の論点を叩き、「究論」していきます。それができればintellectual maturityがあると言えます。そのための基礎体力作りや準備段階が、エッセイライティングのトレーニングです。

　とにかく、英語の発信力をUPさせるには、それらを通じて、固定観念や既存の価値観にとらわれず社会問題を掘り下げ、**賛否の両方を検討する（put an issue into perspective）**ことのできるロジカル（クリティカル）シンキング力を養う必要があります。私の場合は、社会問題のみならず、日常のどんな問題でも、そのアプローチで掘り下げるのが習慣になっています。皆さんもできる限りロジカルシンキング力UPの努力を常日頃か

ら行っていきましょう。

5 速読で語彙力・知識力をUPさせる

「速読」の重要性に関しても言うまでもありません。精読と速読・多読は、車輪の両輪の関係で両方とも重要です。構文解析や和訳練習などを重視する高校の授業での精読ではなく、行間を読んだり、言いたいポイントをサマリーしたりするような読解問題を解くときに必要とされる「精読」と、必要な情報を探したり語感を養うための「多読」です。精読だけで多読のスキルがなければ英字新聞や英字誌が「積読」になってしまいますし、高度なレポートや論文を書くためのリサーチが困難になります。とはいえ、多読だけでも文章を深く読み込むことはできません。

学校教育では、英文読解問題を重視するわりに、多読の要素があまり鍛えられていないのでトレーニングが必要です。実際、1分間に250語のスピードで読まないと、全体像をつかんだり作者の言いたいポイントがつかめなかったりするので、「速読」をこの第5訓では強調しています。効果的に英語力をUPさせるために速読は不可欠です。音読は語彙・表現力をUPさせますが、それだけを中心に勉強していると、英文を150 wpmぐらいでしか読めません。それだけでは情報力がUPしないので、音読と並行して「速読」も最低250 wpmのスピードで行う必要があります。両者のバランスを取るのが難しい人は、「音速読200 wpm」にチャレンジするのもいいでしょう。私の場合は、音読は250 wpm前後のスピードで、黙読はその倍以上のスピードで行います。TIME、ニューズウィーク、サイエンティフィック・アメリカンなど多くの文献を一気に読むために、速読は避けては通れません。

6 英文法を「頭」と「ハート」と「体」でつかみ、「コーパス」と比較し、言語への洞察を深める

中学高校で習う英文法の学習では、実際のところ、名詞、冠詞、前置詞、時制を始めとする文法項目のコンセプトをつかめていないので、発信レベルでは使いこなせないことを認識する必要があります。それから「英語

は進化する」ということもふまえ、昔習った文法が現代でも通用するかどうかもチェックする必要があります。その意味で、コーパスの1つであるグーグル検索は1つの目安になります。

とにかく、スピーキングやライティングで、助動詞、冠詞、前置詞、時制、接続語、様々な構文などを使いこなせるようになるためには、英文法を「頭」と「ハート」と「体」でつかむと同時に、最近よく話題になる「コーパス」（テキストや発話を大規模に集めてデータベース化した言語資料）とも比較しながら言語への洞察を深めていく必要があります。

7　翻訳によって英語と母語との発想の違いを知る

翻訳によるスキルUPは、通訳・翻訳を目指す人のための試験や従来型の大学入試で重視されています。子どものときは頭も柔らかく、母語もまだしっかり身についていないので、英語で英語を学ぶという「直説法（total immersion）」で外国語を学び、習うより慣れるほうが効果的です。しかし、大人の場合、母国語が染みついており、頭も堅く、母語の干渉が強いので、それらを逆に利用し、英語の発想と日本語の発想の違いを把握して、発想転換することをトレーニングしたほうが効果的な場合も多いのです。また、その発想の違いを比較することによってcross-cultural awarenessが高まり、「英悟」することができる要素もあります。その意味では、通訳案内士試験や工業英検などで、「間接法」である通訳・翻訳力を鍛え、日英両文化を洞察するアプローチも重要です。

8　資格検定試験を活用して英語のスキルをUPさせ、自己鍛錬に励む

資格検定試験を用いてのスキルUP効果は言うまでもないでしょう。様々な試験を受けることによって、モチベーションを高めると同時に様々な分野の語彙や知識が英語で身についていきます。

9　ヨガと節制を実践し、「チャクラ」を開いてポテンシャルを最大限に高める

第9訓と第10訓は、単なる英語学習の域を超えてライフスタイル・精

神論に入ってきますが、実際はこの２点が最も重要で、何の分野の追求する場合にもあてはまる「核」となる**原則（principle）**です。酒やタバコや食事などで快楽を追求しすぎて節制しなかったり、目標もなく漫然と生きたり、すぐに落ち込みネガティブになりがちの人は、活力がなく、病気にかかりやすく、勉強する時間や意欲がなくなりやすく、高齢化社会を生き抜いていけなくなります。

そこで重要なのは、ヨガなどによる「**チャクラ**（「気＝エネルギー」の出入口）」の**活性化**、「**高い志**」、そしてエジソンが「１万回失敗しても、１万回のうまくいかない方法を発見できてよかった」と言ったような「**ポジティブシンキング（精神力）**」です。一時的な結果ではなく、英語の勉強を通して、**視野を広げ（broaden one's cultural horizons）**、**様々な能力を高め（develop various skills including critical thinking abilities）**、**人間力を鍛える（build character）** プロセスである**holistic education**こそが現代社会に求められている「英悟道の極意」であると信じています。

10 生涯をかけた英悟の目標を持ち、浮き沈み、紆余曲折は真理探究と悟りへの道として、そのプロセスをエンジョイする

第10の教訓は私がヨガの修行を通して悟ったことでもあります。ヨガでは最初の頃、体が硬くて、足を開いて胸をつけようとしても痛いだけで全然できませんが、苦しいときにやめてしまうのではなく、その痛いのが気持ちいい、どんどん筋肉が伸びていくと自己暗示にかけて、深呼吸と共に頑張ると段々と柔らかくなってきます。そういった努力のプロセスをエンジョイすることが、何の分野においても、**潜在能力を最大に引き出し（maximize one's potential）**、**真理探究と自己実現（self-actualization）**をするのに重要であるということです。

本書の最後を、私の座右の銘（guiding principle）で締めくくりたいと思います。

それでは皆さん、明日に向かって英悟の道を、

Let's enjoy the process!（陽は必ず昇る！）

著者略歴

植田一三（うえだ・いちぞう）

英語の最高峰資格7冠突破＆英語教育書ライター養成校アクエアリーズ学長。英語の百科事典を読破し、辞書数十冊を制覇し、洋画100本以上の全せりふをディクテーションするという英悟の超人（amortal philosophartist）。ノースウェスタン大学院コミュニケーション学部修了後、テキサス大学博士課程に留学し、同大学で異文化間コミュニケーションを1年間指導。Let's enjoy the process!（陽は必ず昇る）をモットーに、33年間の指導歴において、英検1級合格者を1800人以上、資格3冠（英検1級・通訳案内士・TOEIC960点）突破者を300名以上、英米一流大学院奨学金付（1000万〜3000万円）合格者を多数育てる。28年以上の著述歴で出版した英語学習図書60冊以上（総計150万部突破［海外翻訳含む］）のうち10冊以上はアジア数か国で翻訳されている。

主な著書に、『英語で意見を論理的に述べる技術とトレーニング』『発信型英語 スーパーレベルライティング』『発信型英語 類語使い分けマップ』『スーパーレベル パーフェクト英文法』『英検1級英単語大特訓』（以上ベレ出版）、『英語で説明する日本の文化』『通訳案内士試験「英語一次・二次」直前対策』（語研）などがある。

pp.187-189
@Matthew Sutherland (2011) / @Chris (2012) / @Ian Murphy (2011) / @Maryland GovPics (2013)
@C.K. Tse (2014) / @chrisada (2014)

英語スピーキング力　4技能＋αで全方位から集中攻略

2016年8月1日　第1刷発行

著者　　植田一三
発行者　小野田幸子
発行　　株式会社クロスメディア・ランゲージ
　　　　〒151-0051 東京都渋谷区千駄ヶ谷四丁目20番3号
　　　　東栄神宮外苑ビル　http://www.cm-language.co.jp
　　　　■本の内容に関するお問い合わせ先
　　　　TEL (03)6804-2775　FAX (03)5413-3141

発売　　株式会社インプレス
　　　　〒101-0051 東京都千代田区神田神保町一丁目105番地
　　　　TEL (03)6837-4635(出版営業統括部)
　　　　■乱丁本・落丁本のお取り替えに関するお問い合わせ先
　　　　インプレス　カスタマーセンター　TEL (03)6837-5016　FAX (03)6837-5023
　　　　　　　　　　　　　　　　　　　info@impress.co.jp
　　　　■書店／販売店のご注文受付
　　　　インプレス　受注センター　TEL (048) 449-8040　FAX (048) 449-8041

カバーデザイン　　竹内雄二　　　　　印刷・製本　中央精版印刷株式会社
本文デザイン・DTP　木戸麻実　　　　ISBN 978-4-8443-7491-6 C2082
校正　　　　　　　余田志保　　　　　©Ichizo Ueda 2016
　　　　　　　　　　　　　　　　　　Printed in Japan

■本書のコピー、スキャン、デジタル化等の無断複製は、著作権法上での例外を除き禁じられています。本書を代行業者等の第三者に依頼して複製することは、たとえ個人や家庭内での利用であっても、著作権上認められておりません。
■乱丁本・落丁本はお手数ですがインプレスカスタマーセンターまでお送りください。送料弊社負担にてお取り替えさせていただきます。但し、古書店で購入されたものについてはお取り替えできません。